新学習指導要領対応

高校の国語授業はこう変わる

大滝一登・髙木展郎 編著

三省堂

装丁◇株式会社グローブグラフィック
DTP ◇株式会社双文社印刷

まえがき

新学習指導要領が告示されました。

現行学習指導要領の高等学校国語科の目標は、「国語を適切に表現し的確に理解する能力を育成し、伝え合う力を高めるとともに、思考力や想像力を伸ばし、心情を豊かにし、言語感覚を磨き、言語文化に対する関心を深め、国語を尊重してその向上を図る態度を育てる。」という、言語能力を対象化した学力の育成を目指していました。

新学習指導要領では、「言葉による見方・考え方を働かせ、言語活動を通して、国語で的確に理解し効果的に表現する資質・能力を次のとおり育成することを目指す。」とし、新学習指導要領の全教科・科目で育成を目指す資質・能力の三つの柱の「知識・技能」「思考力・判断力・表現力等」「学びに向かう力　人間性等」のそれぞれの内容を、国語科で育成すべき資質・能力として、以下のように三つに分けて示しています。

(1) 生涯にわたる社会生活に必要な国語について、その特質を理解し適切に使うことができるようにする。

(2) 生涯にわたる社会生活における他者との関わりの中で伝え合う力を高め、思考力や想像力を伸ばす。

(3) 言葉のもつ価値への認識を深めるとともに、言語感覚を磨き、我が国の言語文化の担い手としての自覚をもち、生涯にわたり国語を尊重してその能力の向上を図る態度を養う。

上記には、これまでの国語で育成してきた学力の内容を継承しつつ、時代が変化する中で生きる生徒の未来に向け、時代が求める国語としての資質・能力が示されています。

いま、これまでの高校国語の授業の質的転換を図らなければ、これからの時代を生きる生徒に必要不可欠な資質・能力を育成することはできないと考えます。本書では、その質的転換を図り、主体的・対話的で深い学びの実現に向けた授業改善のための指針と方向性とを考えてみました。

2018 年 7 月

高木展郎

目　次

第3章　新学習指導要領Q&A

資料　国語科各科目の目標及び内容の系統表

◉本書の構成と「学習指導案」・「評価方法」について

○第１章「新学習指導要領国語はこう変わる」では、今回改訂のねらいや内容など、「高等学校学習指導要領国語」の全容を的確につかむことができます。

○第２章「『資質・能力』を育てる授業プラン」では、新学習指導要領に基づいた授業の具体と、授業プランに対する「コメント」を載せています。なお、実際に実践した事例、これから実践にかける事例の両方があります。

・本書の「学習指導案」の基本的な構造と考え方については、第３章「新学習指導要領 Q&A」の「Q.7」(p.113)をご参照ください。

・「評価方法」については、下記〈評価方法について〉に基づいています。

○第３章「新学習指導要領 Q&A」では、理念的なことから具体的な授業や評価に関することまで、率直な疑問に対してわかりやすくお答えしています。

○「資料」は、新学習指導要領の系統がひとめでわかるよう、科目別の一覧にしたものです。この系統表は、文部科学省が示したものを踏まえ、三省堂編集部が作成したものです。

〈評価方法について〉

評価方法は、原則として、次の３段階で設定しています。

①観察、点検

・行動の観察：学習の中で、評価規準が求めている発言や行動などが行われているかどうかを「観察」する。

・記述の点検：学習の中で、評価規準が求めている内容が記述されているかどうかを、机間指導などにより「点検」する。

②確認

・行動の確認：学習の中での発言や行動などの内容が、評価規準を満たしているかどうかを「確認」する。

・記述の確認：学習の中で記述された内容が、評価規準を満たしているかどうかを、ノートや提出物などにより「確認」する。

③分析

・行動の分析：「行動の観察」や「行動の確認」を踏まえて「分析」を行うことにより、評価規準に照らして実現状況の高まりを評価する。

・記述の分析：「記述の点検」や「記述の確認」を踏まえて、ノートや提出物などの「分析」を行うことにより、評価規準に照らして実現状況の高まりを評価する。

〔出典〕「評価規準の作成、評価方法等の工夫改善のための参考資料（高等学校 国語）～新しい学習指導要領を踏まえた生徒一人一人の学習の確実な定着に向けて～」（平成 24 年７月　国立教育政策研究所　教育課程研究センター）

第１章
新学習指導要領国語はこう変わる

――大滝一登

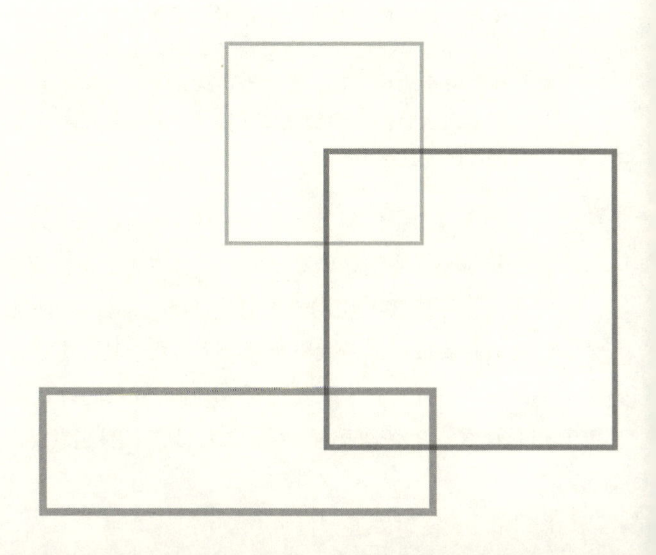

第１節　高等学校国語科の課題と新学習指導要領の目指すもの

1 新学習指導要領が見据える時代

周知のとおり、文部科学省は、平成30(2018)年３月30日に高等学校学習指導要領を公示した。学習指導要領の内容について述べる前に、まず今回の改訂が見据えるものについて言及しておきたい。

中央教育審議会は、平成28(2016)年12月に「幼稚園、小学校、中学校、高等学校及び特別支援学校の学習指導要領等の改善及び必要な方策等について(答申)」(以下「答申」という。)を公表し、新学習指導要領の方向性を示した。「答申」の「第２章　2030年の社会と子供たちの未来」では、現在の子供たちが今後約10年の間に立ち向かうであろう社会の姿について、以下のように言及されている。

> ○　とりわけ最近では、第４次産業革命ともいわれる、進化した人工知能が様々な判断を行ったり、身近な物の働きがインターネット経由で最適化されたりする時代の到来が、社会や生活を大きく変えていくとの予測がなされている。“人工知能の急速な進化が、人間の職業を奪うのではないか”“今学校で教えていることは時代が変化したら通用しなくなるのではないか”といった不安の声もあり、それを裏付けるような未来予測も多く発表されている。
> ○　また、情報技術の飛躍的な進化等を背景として、経済や文化など社会のあらゆる分野でのつながりが国境や地域を越えて活性化し、多様な人々や地域同士のつながりはますます緊密さを増してきている。こうしたグローバル化が進展する社会の中では、多様な主体が速いスピードで相互に影響し合い、一つの出来事が広範囲かつ複雑に伝播し、先を見通すことがますます難しくなってきている。(p.9～10)

このように、情報化とグローバル化など社会の変化が加速度を増し、今後の社会が複雑で予測困難になってきていることが指摘されている。

また、平成30(2018)年６月には、文部科学省内に設置された「Society5.0に向けた人材育成に係る大臣懇談会／新たな時代を豊かに生きる力の育成に関する省内タスクフォース」による「Society5.0に向けた人材育成～社会が変わる、学びが変わる～」が公表された。これは、工業社会(Society3.0)、情報社会(Society4.0)

に続く超スマート社会(Society5.0)の到来に向けて、学校の学びがどうあるべきかなどについて、文部科学大臣、有識者や省内職員らの議論などをまとめたものである。第１章の「1. Society5.0の社会像」には、AI技術の発達により、「少なくとも近い将来において、定型的業務や数値的に表現可能なある程度の知的業務は代替可能になると考えられる」、「産業が変われば働き方も変わる。人間の業務と機械の業務が再編成されることで業務のモジュール化が進み、業務のアウトソーシングも促進されるだろう。」などの予測が示され、こうした中、アメリカや中国に比して、AIやその基盤となる数学や情報科学等に関する研究人材が我が国には不足していると指摘されている。

その上で、現実世界を理解しその状況に応じた意味付けができること、様々な人やモノ、情報が複雑に関係し合っていく中において、板挟みと向き合って調整することや、想定外の事態に対処すること、自らの行動を考え責任をもって対応することといった人間の強みを重視し、Society5.0において共通して求められる力として、①文章や情報を正確に読み解き、対話する力、②科学的に思考・吟味し活用する力、③価値を見つけ生み出す感性と力、好奇心・探求力が必要であると整理している。

さらに、第３章の「新たな時代に向けた学びの変革、取り組むべき施策」の一つには、「新学習指導要領の確実な習得」が掲げられ、その一環として「語彙の理解、文章の構造的な把握、読解力、計算力や数学的な思考力など基盤的学力の定着」の重要性が示されている。

令和２(2020)年度から小学校を皮切りに実施される新学習指導要領は、まさにこのように、我が国の社会や我々人間の在り方の急速な変化を見据えて示された「学びの未来地図」であると言ってよいだろう。当然のことながら、約10年に一度改訂されるということは単なるルーティンではないのである。

２ 高等学校新学習指導要領の理念

こうした背景を踏まえ、新学習指導要領においては、知・徳・体にわたる「生きる力」を子供たちに育むため、「何のために学ぶのか」という学習の意義を共有しながら、授業の創意工夫や教科書等の教材の改善を引き出していけるよう、全ての教科等を、①知識及び技能、②思考力、判断力、表現力等、③学びに向かう力、人間性等の三つの柱で再整理し、「何ができるようになるか」について明確化を図っている。

また、選挙権年齢や成人年齢の引き下げに伴い、生徒にとって政治や社会が一層身近なものとなっており、高等学校においては、社会で求められる資質・能力を全ての生徒に育み、生涯にわたって探究を深める未来の創り手として送り出していくことがこれまで以上に求められる。

そのため、「主体的・対話的で深い学び」の実現に向けた授業改善が必要であり、特に、生徒が各教科・科目等の特質に応じた「見方・考え方」を働かせながら、知識を相互に関連付けてより深く理解したり、情報を精査して考えを形成したり、問題を見いだして解決策を考えたり、思いや考えを基に創造したりすることに向かう過程を重視した学習の充実を求めている。

さらに、教科等の目標や内容を見渡し、特に学習の基盤となる資質・能力(言語能力、情報活用能力、問題発見・解決能力等)や現代的な諸課題に対応して求められる資質・能力の育成のためには、教科等横断的な学習を充実する必要があること、「主体的・対話的で深い学び」の充実には単元など数コマ程度の授業のまとまりの中で、習得・活用・探究のバランスを工夫することが重要である。そのため、学校全体として、教育内容や時間の適切な配分、必要な人的・物的体制の確保、実施状況に基づく改善などを通して、教育課程に基づく教育活動の質を向上させ、学習の効果の最大化を図るカリキュラム・マネジメントの確立を求めている。

加えて、国語科における科目の再編(「現代の国語」、「言語文化」、「論理国語」、「文学国語」、「国語表現」、「古典探究」)、地理歴史科における「歴史総合」、「地理総合」の新設、公民科における「公共」の新設、共通教科「理数」の新設など、高等学校において育成を目指す資質・能力を踏まえつつ、教科・科目の構成を大幅に改善している。

3 高等学校国語科の課題

こうした改訂の趣旨に対して、高等学校国語科が改善すべき課題とは何だろうか。「答申」においては、高等学校国語科の課題について、次のように示されている。

○　高等学校の国語教育においては、教材の読み取りが指導の中心になることが多く、国語による主体的な表現等が重視された授業が十分行われていないこと、話合いや論述などの「話すこと・聞くこと」、「書くこと」の領域の学習が十分に行われていないこと、古典の学習について、日本人として大切にしてきた言語文化を積極的に享受して社会や自分との関わりの中でそれらを生かしていくという観点が弱く、学習意欲が高まらないことなどが課題として指摘されている。（p.127）

先述した、これから更に必要となる人間の強みは、単なる固定化した知識の詰め込みや入試対策のテクニックのような特定のスキルの習得とは正反対のものである。むしろこうしたスキルは、今後AIが発達すれば、人間が行う必要がなくなっていくことが予想される。

しかしながら、これまでの高等学校国語科では、こうした特定のスキルの習得に重きが置かれてきたと言っても過言ではないだろう。その最たるものが、教材の読み取りへの傾斜である。

「読むこと」の領域において教材を読み取ること自体は、重要な学習の一つであることに変わりはない。文章を正確に読み取ることができなければ、自分の解釈の妥当性を主張することも難しくなる。しかし、これまでの高等学校国語科では、いわゆる「読み誤り」を避けるために、文章の内容を正確に読み取ることだけに注力してきた教室が多かったと言えよう。そのため、生徒が主体的に解釈したり自分の考えを形成したりすることは必ずしも重視されてこなかったのではないだろうか。

このような状況が改善されない背景はいくつか考えられるが、ここでは次の３点を挙げてみたい。

第１に、訓詁注釈を過度に重視する国語科教師の考え方である。訓詁注釈自体は学問研究の方法として現在でも重要であることに変わりはない。しかし、それは、国語科教師が大学で学んだ古典や文学作品などの訓詁注釈による研究方法を、全て高等学校の指導方法として持ち込んでよいということを必ずしも意味しない。教師の教材研究の方法としては有効だが、生徒全員が文学研究者や国語科教師になるわけではない。訓詁注釈への過度な傾斜は、文章や作品の多様な解釈の可能性をきわめて限定的なものに押しやり、「専門家」である教師の有する唯一解に生徒の読みを追い込むことになりかねない。これでは、主体的で自立した読み手は育成されにくい。

第２に、一つの正解を前提とした大学入試に象徴される国語科のテスト文化の存在である。時折、授業を拝見していると、テスト問題をそのまま授業の教材として用いているケースに出合う。「問３の答えは何になるかな？」と教師が問い、生徒が機械的に答えると、「はい、正解です！」と述べて収束する、この繰り返しのような授業が存在する。こうした授業では、示されたテスト問題を「解く」ことが目指されるのみで、個々の問いがどのような理由で設けられているのか、これらの問いをクリアしていくことで国語のどのような資質・能力が身に付くのかが見えにくい。生徒は受け身となり、志望大学の合格や試験の成績の向上のみを目指す、主として外発的動機付けによる学習に向かいやすくなってしまう。

第３に、自分が受けてきた授業を再生産してしまう教師の保守的な姿勢である。「主体的・対話的で深い学び」の実現は、義務教育では目新しいものではないが、高等学校教育では、一部の教師を除いて、型を重視するという方向で「アクティブ・ラーニング」が一時期広がったことからもうかがえるように、全く新しい理念であると受け止められている面もあろう。このような受け止め方がなされる背景として、新しい指導方法の開発に消極的で、自らが受けてきた授業を是とする指導観の存在を指摘することができよう。「言語活動を取り入れた授業によって、これまでの大学入試の合格実績が保てるのか」といった印象批評的な疑念がつぶやかれる背景には、様々な指導方法を十分に試行、検証することなく、無前提にこれまで続いてきた授業を肯定的に評価してしまう保守的な姿勢が認められる。しかし、これでは、高等学校教育で育成された資質・能力を基礎として、激変する社会で生徒が即戦力として生き抜いていくことは難しいのではないだろうか。教育には不易と流行があり、両者をしっかりと見極めることが肝要である。さしたる根拠もなく不易ばかりを強調することは差し控えたい。

以上のような背景もあり、高等学校国語科の学習の成果は、必ずしも万人が認めるものとはなっていない。

母語の教育は必ずしも学校教育だけで行われるものではないため、国語科教育の成果自体を明らかにするのが難しい面があるのは事実であろう。しかしながら、「答申」に示されたような課題が高等学校国語科に対する不満として顕在化してきているのも事実である。とりわけ「書くこと」の指導については、大学教育の立場から、レポートや卒業論文の作成が十分にできない学生の増加により、初年次教育でいわゆるアカデミック・ライティングの講義を導入する大学が増え、大学教員から、「高等学校国語では何を指導してきたのか」という声も聞かれる。また、人前で発表したり、協働的に学習したりすることが苦手な、いわゆるコミュニケーション能力が不足している学生も目立つようになっていると言われ、「話すこと・聞くこと」の指導も急務となっている。

さらに、いわゆる古典嫌いの生徒の存在も根本的な改善には至っていない。古典嫌いを生む原因として、中央教育審議会国語ワーキンググループで示された資料には、古語や古典文法の学習が学習意欲の低下につながっていることが指摘されている。このことは、先述の訓詁注釈への過度の傾斜の象徴とも言える現象と考えることができる。教材とした古文の全文を品詞分解させたり、古語の小テストを熱心に繰り返したりすることは、ごく当たり前のように行われてきたが、これらのことがいわば受験に向けた単なる「訓練」と認識され、結果として、古典を指導すればするほど生徒の意識が古典から離れていくのだとしたら、高等学校国語科で古典を指導する意義は次第に認められなくなるだろう。

今、こうした課題の改善に真摯に取り組まなければ、高等学校で国語科を学習することの意義を社会の様々な立場の方々に納得してもらうのは非常に難しくなると考えられる。当然のことながら、これまでの指導の在り方を全否定するものではないが、改善すべき課題をそのままにし、旧態依然とした感覚で続けられている授業が存在することも事実である。生徒たちに、社会でよりよく生きるための国語の資質・能力を確実に身に付けさせるためにも、これまでの国語科の課題を直視することは避けて通れない。

第２節　高等学校新学習指導要領国語科の目標・内容

1　教科目標の改善

前節のような高等学校国語科の課題の改善に向けて、新学習指導要領国語科では大規模な改訂を行っている。

教科の目標については、義務教育との系統性を踏まえて、次のとおり示している。（下線部は、中学校から高めた部分を指す。）

言葉による見方・考え方を働かせ、言語活動を通して、国語で的確に理解し効果的に表現する資質・能力を次のとおり育成することを目指す。 (1)　生涯にわたる社会生活に必要な国語について、その特質を理解し適切に使うことができるようにする。 (2)　生涯にわたる社会生活における他者との関わりの中で伝え合う力を高め、思考力や想像力を伸ばす。 (3)　言葉のもつ価値への認識を深めるとともに、言語感覚を磨き、我が国の言語文化の担い手としての自覚をもち、生涯にわたり国語を尊重してその能力の向上を図る態度を養う。

冒頭には、新たに「言葉による見方・考え方を働かせ」ることを示している。

「言葉による見方・考え方を働かせ」るとは、生徒が学習の中で、対象と言葉、言葉と言葉との関係を、言葉の意味、働き、使い方等に着目して捉えたり問い直したりして、言葉への自覚を高めることであると考えられる。この「対象と言葉、言葉と言葉との関係を、言葉の意味、働き、使い方等に着目して捉えたり問い直したりする」とは、言葉で表される話や文章を、意味や働き、使い方などの言葉の様々な側面から総合的に思考･判断し、理解したり表現したりすること、また、その理解や表現について、改めて言葉に着目して吟味することを示したものと言える。

様々な事象の内容を、自然科学や社会科学等の視点から理解することを直接の学習目的としない国語科においては、言葉を通じた理解や表現及びそこで用いられる言葉そのものを学習対象としており、このため、「言葉による見方・考え方」を働かせることが、国語科において育成を目指す資質・能力をよりよく身に付けることにつながることとなる。

新学習指導要領の教科目標では、まず、国語科において育成を目指す資質・能力を「国語で的確に理解し効果的に表現する資質・能力」とし、国語科が国語で理解し表現する言語能力を育成する教科であることを示している。

的確に理解する資質・能力と、効果的に表現する資質・能力とは、連続的かつ同時的に機能するものであるが、表現する内容となる自分の考えなどを形成するためには、国語で表現された様々な事物、経験、思い、考え等を理解することが必要であることから、今回の改訂では、「的確に理解」、「効果的に表現」という順に示している。

また、「言葉による見方・考え方を働かせ」ることを踏まえるとともに、言語能力を育成する中心的な役割を担う国語科においては、言語活動を通して資質・能力を育成することを明示するため、「言語活動を通して」と、その重要性を明示している。

さらに、今回の改訂では、他教科等と同様に、国語科において育成を目指す資質・能力を「知識及び技能」、「思考力、判断力、表現力等」、「学びに向かう力、人間性等」の三つの柱で整理し、それぞれに整理された目標を⑴、⑵、⑶に位置付けている。

⑴は、「知識及び技能」に関する目標を示したものである。「生涯にわたる社会生活」とは、高校生が日常関わる社会に限らず、現実の社会そのものである実社会を中心としながら、生涯にわたり他者や社会と関わっていく社会生活全般を指している。広く社会生活全般を視野に入れ、社会人として活躍していく高校生が、生涯にわたる社会生活において必要な国語の特質について理解し、それを適切に使うことができるようにすることを示している。

⑵は、「思考力、判断力、表現力等」に関する目標を示したものである。生涯にわたる社会生活における他者との関わりの中で、思いや考えを伝え合う力を高め、思考力や想像力を伸ばすことを示している。具体的には、各科目の内容の〔思考力、判断力、表現力等〕に示されている「話すこと・聞くこと」、「書くこと」、「読むこと」に関する「思考力、判断力、表現力等」のことである。

従前、物事を深く、広く、豊かに感じ取りかつ味わうことのできる資質・能力を身に付けることを「心情を豊かにし」としていたが、今回の改訂ではこれを、深く共感したり豊かに想像したりする力である想像力に位置付け、それを伸ばすことを求めており、引き続き目標に含めていることに留意する必要がある。

⑶は、「学びに向かう力、人間性等」に関する目標を示したものである。「我が国の言語文化の担い手としての自覚をもつ」とは、我が国の歴史の中で創造され、継承されてきた文化的に高い価値をもつ言語そのもの、つまり、文化としての言語、また、それらを実際の生活で使用することによって形成されてきた文化的な言語生活、更には、古代から現代までの各時代にわたって、表現し、受容されてきた

多様な言語芸術や芸能などの担い手としての自覚をもつことである。

「生涯にわたり国語を尊重してその能力の向上を図る態度を養う」とは、小学校及び中学校の目標を更に発展させたもので、国語を尊重するだけでなく、その能力の向上を図る態度を生涯にわたり育成することまでを目指している。我が国の歴史の中で育まれてきた国語が、人間としての知的な活動や文化的な活動の中枢をなし、生涯にわたる一人一人の自己形成、社会生活の向上、文化の創造と継承などに欠かせないからである。国語に対する自覚や関心を高め、話したり聞いたり書いたり読んだりすることが、生徒一人一人の言語能力を更に向上させていく。その中で、社会の一員として、国語を愛護し、国語を尊重して、国語そのものを一層優れたものに向上させていこうとする意識や態度も育っていくと考えられる。

以上のように、教科の目標が一層構造的に示されたことにより、全ての高等学校国語科教師が、資質・能力の三つの柱を踏まえ、その育成を目指した年間指導計画を作成し、個々の授業の計画において目標を明確にすることが期待される。また、実際の授業においては、生徒に「言葉による見方・考え方」を働かせ、主体的な言語活動を通して、ねらいとした資質・能力を確実に育成することが求められる。

2「内容」の改善

今回の改訂では、育成を目指す資質・能力が重視され、国語科の学習指導要領の目標にも「国語で的確に理解し効果的に表現する資質・能力を次のとおり育成することを目指す」ことが示されている。また、各科目の資質・能力を示した「内容」の(1)の指導事項の柱書きも、現行の「次の事項について指導する」から、「～に関する次の事項を身に付けることができるよう指導する」へと改められた。高等学校国語科の「内容」については、義務教育との系統性を踏まえ、次のとおり改めている。

国語科で育成を目指す資質・能力を〔知識及び技能〕及び〔思考力、判断力、表現力等〕とし、〔知識及び技能〕については、「(1)言葉の特徴や使い方に関する事項」、「(2)情報の扱い方に関する事項」、「(3)我が国の言語文化に関する事項」の3事項、〔思考力、判断力、表現力等〕については、「話すこと・聞くこと」、「書くこと」、「読むこと」の３領域から「内容」を構成している。

また、〔思考力、判断力、表現力等〕の各領域は、資質・能力を示す「(1)指導事項」と「(2)言語活動例」から構成している。

なお、資質･能力の三つの柱のうち、「学びに向かう力、人間性等」については、目標に示すにとどめ、「内容」には示していない。

平成 21（2009）年告示学習指導要領	平成 30（2018）年告示学習指導要領
A 話すこと・聞くこと （1）指導事項 （2）言語活動例 B 書くこと （1）指導事項 （2）言語活動例 C 読むこと （1）指導事項 （2）言語活動例 〔伝統的な言語文化と国語の特質に関する事項〕 （1）ア伝統的な言語文化に関する事項 イ言葉の特徴やきまりに関する事項 ウ漢字に関する事項 （「国語総合」の場合）	〔知識及び技能〕 （1）言葉の特徴や使い方に関する事項 （2）情報の扱い方に関する事項 （3）我が国の言語文化に関する事項 〔思考力、判断力、表現力等〕 A 話すこと・聞くこと （1）指導事項 （2）言語活動例 B 書くこと （1）指導事項 （2）言語活動例 C 読むこと （1）指導事項 （2）言語活動例 （「現代の国語」の場合）

３〔知識及び技能〕の改訂の要点

①語彙指導の改善・充実

〔知識及び技能〕に示されている資質・能力は、個別の事実的な知識や一定の手順のことのみを指しているのではない。国語で理解したり表現したりする様々な場面の中で生きて働く「知識及び技能」として身に付けるために、思考・判断し表現することを通じて育成を図ることが求められるなど､「知識及び技能」と「思考力、判断力、表現力等」は、相互に関連し合いながら育成される必要がある。

〔知識及び技能〕のポイントとしては､まず語彙指導の改善･充実が挙げられる。語彙は、全ての教科等における資質・能力の育成や学習の基盤となる言語能力の重要な要素であるが、「答申」において、高等学校国語科の課題として、「国語の語彙の構造や特徴を理解すること」が指摘されている。このため、国語科の全科目に指導事項を設け、語彙を豊かにする指導の改善・充実を図っている。

②「情報の扱い方に関する事項」の新設

急速に情報化が進展する社会において、様々な媒体の中から必要な情報を取り出したり、情報同士の関係を分かりやすく整理したり、発信したい情報を様々な手段で表現したりすることが求められている。一方、「答申」において、「教科書の文章を読み解けていないとの調査結果もあるところであり、文章で表された情報を的確に理解し、自分の考えの形成に生かしていけるようにすることは喫緊の課題である。」と指摘されているところである。

話や文章に含まれている情報を取り出して整理したり、その関係を捉えたりすることが、話や文章を正確に理解することにつながり、また、自分のもつ情報を整理して、その関係を分かりやすく明確にすることが、話や文章で適切に表現することにつながるため、このような情報の扱い方に関する「知識及び技能」は国語科において育成すべき重要な資質・能力の一つである。今回の改訂では、これらの資質・能力の育成に向け、「情報の扱い方に関する事項」を新設した。この事項は、「情報と情報との関係」、「情報の整理」の二つの内容で構成し、「現代の国語」及び「論理国語」に系統的に示している。

③我が国の言語文化に関する指導の改善・充実

「答申」においては、「引き続き、我が国の言語文化に親しみ、愛情を持って享受し、その担い手として言語文化を継承・発展させる態度を小・中・高等学校を通じて育成するため、伝統文化に関する学習を重視することが必要である。」とされている。

これを踏まえ、「伝統的な言語文化」、「言葉の由来や変化、多様性」、「読書」に関する指導事項を「我が国の言語文化に関する事項」として整理し、その内容の改善を図っている。

4 〔思考力、判断力、表現力等〕の改訂の要点

①学習過程の明確化、「考えの形成」の重視、探究的な学びの重視

「答申」においては、ただ活動するだけの学習にならないよう、活動を通じてどのような資質・能力を育成するのかを示すため、現行学習指導要領に示されている学習過程を改めて整理している。この整理を踏まえ、〔思考力、判断力、表

現力等〕の各領域において、学習過程を一層明確にし、各指導事項を位置付けている。

また、全ての領域において、自分の考えを形成する学習過程を重視し、「考えの形成」に関する指導事項を位置付けるとともに、「考えの形成」のうち、探究的な学びの要素を含む指導事項を、全ての選択科目に位置付けている。

②「話すこと・聞くこと」及び「書くこと」に関する指導の改善・充実

「答申」において示された課題を踏まえ、共通必履修科目の〔思考力、判断力、表現力等〕における「話すこと・聞くこと」、「書くこと」の授業時数を増加している。

また、「古典探究」を除く科目において、〔思考力、判断力、表現力等〕に「書くこと」の領域を設け、論理的な文章、文学的な文章、実用的な文章を書く資質・能力の充実を図った。特に、論理的な文章を書く資質・能力の育成については、近年、大学の初年次教育において、論文やレポートなどの書き方に関する講義が必要となっていることなどを踏まえ、「現代の国語」や「論理国語」を中心に充実を図っている。

③授業改善のための言語活動の創意工夫

「答申」においては、国語科における学習活動は「言葉による記録、要約、説明、論述、話合い等の言語活動を通じて行われる必要がある」と示されている。

そこで、〔思考力、判断力、表現力等〕の各領域において、どのような資質・能力を育成するかを(1)の指導事項に示し、どのような言語活動を通して資質・能力を育成するかを(2)の言語活動例に示すという関係を明確にするとともに、各学校の創意工夫により授業改善が行われるようにする観点から、従前に示していた言語活動例を言語活動の種類ごとにまとめた形で示している。これらの言語活動は例示であるため、各学校では、これらの全てを行わなければならないものではなく、これ以外の言語活動を取り上げることも考えられる。

なお、当該領域において示した資質・能力は言語活動を通して育成する必要があるが、従前と同じく、例えば、話合いの言語活動が、必ずしも「話すこと・聞くこと」の領域の資質・能力のみの育成を目指すものではなく、「書くこと」や「読むこと」における言語活動にもなりうることに示されるとおり、育成を目指す資質・能力(目標)と言語活動とを同一視しないよう十分留意する必要がある。

第３節　高等学校新学習指導要領国語科の科目構成

1 新科目の構成

「答申」を踏まえ、新学習指導要領国語科における科目構成は、共通必履修科目「現代の国語」、「言語文化」、選択科目「論理国語」、「文学国語」、「国語表現」、「古典探究」の６科目となった。科目の編成に当たっては、これまでの関連する科目を踏まえつつも、「答申」に示された資質・能力の整理を踏まえ、全ての科目を新設している。

共通必履修科目の２科目は、いずれも「答申」で示された課題にそれぞれ対応し、その改善を図る科目として新設している。

「現代の国語」は、先述の高等学校国語科の課題である「国語による主体的な表現等が重視された授業が十分行われていないこと、話合いや論述などの『話すこと・聞くこと』、『書くこと』の領域の学習が十分に行われていないこと」を踏まえ、実社会における国語による諸活動に必要な資質・能力を育成する科目として新設しており、標準単位数は２単位である。

（「現代の国語」において想定される学習活動の例）
- 話合いの仕方や結論の出し方を工夫し、結論を得たり多様な考えを引き出したりするための議論や討論をする学習
- 論理の展開、情報の分量や重要度を考えて、文章の構成や展開、説明の仕方を工夫しながら説明資料をまとめる学習
- 論理的な文章や実用的な文章を読んで、文章や図表などに含まれている情報を相互に関係付けながら内容を解釈したり、推論を働かせて自分の考えを深めたりする学習

「言語文化」は、先述の高等学校国語科の課題である「古典の学習について、日本人として大切にしてきた言語文化を積極的に享受して社会や自分との関わりの中でそれらを生かしていくという観点が弱く、学習意欲が高まらないこと」を踏まえ、上代から近現代に受け継がれてきた我が国の言語文化への理解を深める科目として新設しており、標準単位数は２単位である。

（「言語文化」において想定される学習活動の例）
・我が国の言語文化に特徴的な語彙や表現の技法を用いて短歌や俳句をつくったり、伝統行事や風物詩などの文化に関する題材を選んで随筆などを書いたりする学習
・我が国の伝統や文化をテーマにした論説文や随筆、古典や古典を解説した文章、古典を翻案した小説、近代以降の文学的な文章などを読んで、ものの見方、感じ方、考え方を捉えて内容を解釈したり、我が国の言語文化について考えたりする学習

これら二つの共通必履修科目により、総合的な言語能力を育成することを目指している。

選択科目の４科目については、いずれの科目も、共通必履修科目「現代の国語」及び「言語文化」で育成された資質・能力を基盤として、関連する内容を発展させた科目である。

「論理国語」は、主として「思考力・判断力・表現力等」の創造的・論理的思考の側面の力を育成するために、実社会において必要になる、論理的に書いたり批判的に読んだりする力の育成を重視した科目として新設しており、標準単位数は４単位である。

（「論理国語」において想定される学習活動の例）
・批判的に読まれることを想定し、立場の異なる読み手を説得するために、多面的・多角的な視点から自分の考えを見直したり、論拠の吟味を重ねたりして、自分の主張を明確にしながら論述する学習
・論理的な文章や実用的な文章を読んで、結論を導く論拠を批判的に検討したり、内容や解釈を多様な論点や異なる価値観と結び付けて、新たな観点から自分の考えを深めたりする学習

「文学国語」は、主として「思考力・判断力・表現力等」の感性・情緒の側面の力を育成するために、深く共感したり豊かに想像したりして、書いたり読んだりする力の育成を重視した科目として新設しており、標準単位数は４単位である。

（「文学国語」において想定される学習活動の例）
・文学や映画の作品、それらについての評論文を参考にするなどして、文体の特徴や修辞の働きなどを考慮し、読み手を引き付ける文章になるよう工夫しながら、小説や詩歌を創作する学習
・小説や詩歌、随筆などを読んで、文体の特徴や効果について考察したり、作品の内容や形式について評価して書評を書いたり、自分の解釈や見解を基に議論したりする学習

「国語表現」は、主として「思考力･判断力･表現力等」の他者とのコミュニケーションの側面の力を育成するために、実社会において必要となる、他者との多様な関わりの中で伝え合う力の育成を重視した科目として新設しており、標準単位数は４単位である。

（「国語表現」において想定される学習活動の例）
・相手の同意や共感が得られるよう、表現を工夫してスピーチをしたり、他者のスピーチを、論点を明確にして自分の考えと比較しながら聞き、自分の考えを深めたりする学習
・読み手の同意や共感が得られるよう、適切な根拠や具体例を効果的に用いたり、文章と図表や画像などを関係付けたりしながら、企画書や報告書などを作成する学習

「古典探究」は、ジャンルとしての古典を学習対象とし、古典を主体的に読み深めることを通して伝統と文化の基盤としての古典の重要性を理解し、自分と自分を取り巻く社会にとっての古典の意義や価値について探究する資質・能力の育成を重視した科目として新設しており、標準単位数は４単位である。

（「古典探究」において想定される学習活動の例）
・古典としての古文及び漢文を読んで、古典特有の表現に注意して内容を的確に捉えたり、作品の成立した背景や他の作品などとの関係を踏まえながら解釈を深めたりする学習
・関心をもった事柄について、関連する複数の古典の作品や資料などを読んで、自分のものの見方、感じ方、考え方や、我が国の言語文化についての自分の考えを深める学習

選択科目を全て４単位としたのは、各科目の内容を確実に指導するために必要

な単位数を設定したためであり、各学校では、３年間で国語のどのような資質・能力を育成するかについて、明確なカリキュラム・ポリシーが求められる。

各科目の内容構成は、当該科目の性格を踏まえて、以下のとおりとしている。

	〔知識及び技能〕			〔思考力、判断力、表現力等〕		
	言葉の特徴や使い方に関する事項	情報の扱い方に関する事項	我が国の言語文化に関する事項	話すこと・聞くこと	書くこと	読むこと
現代の国語	○	○	○	○	○	○
言語文化	○		○		○	○
論理国語	○	○	○		○	○
文学国語	○		○		○	○
国語表現	○		○	○	○	
古典探究	○		○			○

（○印は、設定あり。）

２　各科目の「内容の取扱い」に示された授業時数と教材

各科目の目標と内容に示された資質・能力の確実な育成を図るため、各科目の「内容の取扱い」に、現行でも示している領域ごとの授業時数を、以下のとおり示している。

	〔思考力、判断力、表現力等〕		
	話すこと・聞くこと	**書くこと**	**読むこと**
現代の国語	20～30単位時間程度	30～40単位時間程度	10～20単位時間程度
言語文化		5～10単位時間程度	【古典】 40～45単位時間程度 【近代以降の文章】 20単位時間程度
論理国語		50～60単位時間程度	80～90単位時間程度
文学国語		30～40単位時間程度	100～110単位時間程度
国語表現	40～50単位時間程度	90～100単位時間程度	
古典探究			※

（※「古典探究」については、１領域のため、授業時数を示していない。）

今回の改訂では、１領域のみから成る「古典探究」を除く全科目において、〔思考力、判断力、表現力等〕に複数の領域を設定している。そのため、各領域の指導が確実に実施されるために領域ごとの授業時数を示している。各学校においては、この授業時数に基づいて年間指導計画を作成し、確実な授業の実施が求められる。学習指導要領には一定の法的拘束力があるとされる。そのため、この規定を無視したり勝手な解釈をしたりすることによって、任意の領域のみの指導を充実させることは不適切である。

なお、示した授業時数は、標準単位数に照らしたものであり、総則に示した規定に基づいて単位数を増加した場合には、総単位数に相当する単位時間に照らして、示した授業時数の割合と同等の割合の単位時間を計画、実施する必要があることは、現行と同じである。

また、各科目の「内容の取扱い」には、当該科目の教材の取扱いを、以下のとおり示している。

●各科目の「内容の取扱い」に示された各領域における教材の取扱い（抜粋）

科目	教材の取扱い
現代の国語	【読むこと】 ○現代の社会生活に必要とされる論理的な文章及び実用的な文章
言語文化	【読むこと】 ○古典及び近代以降の文章とし、日本漢文、近代以降の文語文や漢詩文などを含める ○我が国の言語文化への理解を深める学習に資するよう、我が国の伝統と文化や古典に関連する近代以降の文章を取り上げる ○必要に応じて、伝承や伝統芸能などに関する音声や画像の資料を用いることができる
論理国語	【読むこと】 ○近代以降の論理的な文章及び現代の社会生活に必要とされる実用的な文章 ○必要に応じて、翻訳の文章や古典における論理的な文章などを用いることができる
文学国語	【読むこと】 ○近代以降の文学的な文章 ○必要に応じて、翻訳の文章、古典における文学的な文章、近代以降の文語文、演劇や映画の作品及び文学などについての評論文などを用いることができる
国語表現	【話すこと・聞くこと】 ○必要に応じて、音声や画像の資料などを用いることができる

古典探究	【読むこと】 ○古典としての古文及び漢文とし、日本漢文を含める ○論理的に考える力を伸ばすよう、古典における論理的な文章を取り上げる ○必要に応じて、近代以降の文語文や漢詩文、古典についての評論文などを用いることができる

「現代の国語」の「C 読むこと」においては、「現代の社会生活に必要とされる論理的な文章及び実用的な文章」、「論理国語」の「B 読むこと」においては、「近代以降の論理的な文章及び現代の社会生活に必要とされる実用的な文章」としている。

一方、「言語文化」の「B 読むこと」においては、「古典及び近代以降の文章とし、日本漢文、近代以降の文語文や漢詩文などを含める」としたことに加え、「我が国の言語文化への理解を深める学習に資するよう、我が国の伝統と文化や古典に関連する近代以降の文章を取り上げる」などとしており、科目名のとおり、あくまでも我が国の言語文化に親しむための教材が選択されることとなる。

これらの規定は、教科書の編集・作成に対するものだけではなく、国語科の授業において教師が取り扱う教材全てに適用されるものである。したがって、あくまでも科目の性格を踏まえた教材の選択が求められるのであり、教材研究が一層重要であることは当然のことである。

第４節　これから求められる高等学校国語科の授業の在り方

1　授業改善に必要となる教師の意識改革

こうした今回の大規模な改訂を踏まえて、高等学校国語科の授業はどのように変わればよいのだろうか。留意すべき点として３点述べてみたい。

第１に、これまで述べた学習指導要領の規定を踏まえ、目指す資質・能力を明確にした単元計画を積み上げた年間指導計画に基づいて指導を行うことである。意図的・計画的な営みでなければ、目指す資質・能力を身に付けさせることは困難である。学習指導要領の指導事項を確実に踏まえ、目の前の生徒が何ができるようになることを目指すのかを明確にし、その目標を生徒や保護者などとも共有していくことが求められる。

そのためには、「まず教材ありき」の単元構想から脱却し、資質・能力(指導事項)ベースの単元構想が必須である。具体的には、評論、小説といった文章のジャンル名や、「水の東西」、「羅生門」といった教材名がそのまま単元名となるような発想を転換させ、例えば、「論理の構成や展開について評価しよう」など、目指す資質･能力を軸とした単元が構想できるよう、教師の意識改革が急務である。

第２に、国語科での「主体的・対話的で深い学び」の実現を図るために、国語科という教科を学ぶ意義はもちろん、個々の単元や時間での学びの意義を明確にすることである。

そのためには、実社会・実生活や、自らのキャリア形成との関わりを明確にしながら、国語科の学びが自らの成長に役立つことを自覚させるなどして生徒の学習意欲を高めるとともに、他者や自己との対話を深めさせる学習活動を設定することが重要である。さらに、「深い学び」の鍵となる「言葉による見方・考え方」を働かせられるよう、言葉にこだわる学習活動の設定もキーポイントである。

具体的には、例えば、義務教育では当然となっている、単元や時間における見通しと振り返りの位置付け、自分事として捉えられ考えたくなるような学習課題(問い)の設定、思考の深まりに応じた学習形態の設定、言葉同士を比べたり使われ方を吟味したりするなど言葉の意味、働き、使い方等への着目などが挙げられる。

第３に､単元に設定する学習活動としての言語活動を十分工夫することである。

これまで一部の教師は、話し合うことの資質・能力と言語活動としての話合いを混同したり同一視したりしていた。例えば、「羅生門」を読んだ後、話合いをさせたから「話すこと・聞くこと」の指導をしていたというような認識も存在していたと聞く。しかしこの話合いの目的はあくまでも「羅生門」を読み深めることにあることに気付けば、この言語活動が「読むこと」の単元の学習活動の流れに位置付くものであることが理解できよう。

学習指導要領の各科目の「内容」の〔思考力、判断力、表現力等〕の(2)に示した言語活動例の中には、一見類似していると捉えられるものがあるかもしれない。例えば、「現代の国語」の「書くこと」の言語活動例「ア　論理的な文章や実用的な文章を読み、本文や資料を引用しながら、自分の意見や考えを論述する活動。」と「読むこと」の言語活動例「ア　論理的な文章や実用的な文章を読み、その内容や形式について、引用や要約などをしながら論述したり批評したりする活動。」は、いずれも論理的な文章や実用的な文章を取り上げ、読む活動と書く活動が含まれている。両者の活動は類似した印象を与えるかもしれないが、目指す資質・能力と関係付けて初めてその意味が明確になる。つまり、前者は「書くこと」の領域の言語活動であるため、「引用しながら、自分の意見や考え」を書くことに重点が置かれているのに対し、後者は「読むこと」の領域の言語活動であるため、「引用や要約などをしながら」、文章の「内容や形式」に着目して読むことに重点が置かれているのである。

以上のように、言語活動を、目指す資質・能力と明確に関係付けながら授業改善につなげていくことが重要である。

2 高大接続改革の趣旨を踏まえた授業改善

今回の改訂については、高大接続改革との関連についても注目されるところである。大学入試センターから示された「令和３年度大学入学者選抜に係る大学入学共通テスト問題作成方針」によると、以下のような記載がある。

○「どのように学ぶか」を踏まえた問題の場面設定
　高等学校における「主体的・対話的で深い学び」の実現に向けた授業改善のメッセージ性も考慮し、授業において生徒が学習する場面や、社会生活や日常生活の中から課題を発見し解決方法を構想する場面、資料やデータ等を基に考察する場面など、学習の過程を意識した問題の場面設定を重視する。

さらに、国語の出題方針等については、以下の記載がある。

○　言語を手掛かりとしながら、文章から得られた情報を多面的・多角的な視点から解釈したり、目的や場面等に応じて文章を書いたりすることなどを求める。近代以降の文章（論理的な文章、文学的な文章、実用的な文章）、古典（古文、漢文）といった題材を対象とし、言語活動の過程を重視する。問題の作成に当たっては、大問ごとに一つの題材で問題を作成するだけでなく、異なる種類や分野の文章などを組み合わせた、複数の題材による問題を含めて検討する。
○　記述式問題は、小問３問で構成される大問１問を作成する。実用的な文章を主たる題材とするもの、論理的な文章を主たる題材とするもの又は両方を組み合わせたものとする。文章等の内容や構造を把握し、解釈して、考えたことを端的に記述することを求める。小問３問の解答する字数については、最も長い問題で80～120字程度を上限として設定することとし、他の小問はそれよりも短い字数を上限として設定する。

こうした出題の方向性は、新学習指導要領の趣旨を一定程度先取りしたものであり、まさに教材の内容ではなく、国語科の資質・能力を問おうとするものである。そして、それは単に大学に合格するためだけの資質・能力ではなく、社会で生きるための資質・能力として設計されたものである。単なる問題対策に終始する一部の学校文化を見直し、今後の社会の変化を見据え、今生徒に身に付けさせておく必要のある資質・能力を想定した上での授業改善が欠かせない。

今回の改訂は、これまで述べた理念を共有しすでに生徒主体の授業づくりを続けてきた教師にとっては、これまでの歩みの上に位置付けられるだろう。一方で、大きな意識改革を迫られる教師も多いかもしれない。しかし、今回の改訂は、これまでの取組の全否定ではない。不易の価値を再検討しながら流行を直視することが重要である。社会の様々な立場の方々が、国語科の内部疲労に気付き始めている。今こそ流行を直視し不易の価値を見直すことによってのみ、高等学校国語科の存在を守ることができるのではないだろうか。

第２章
「資質・能力」を育てる授業プラン

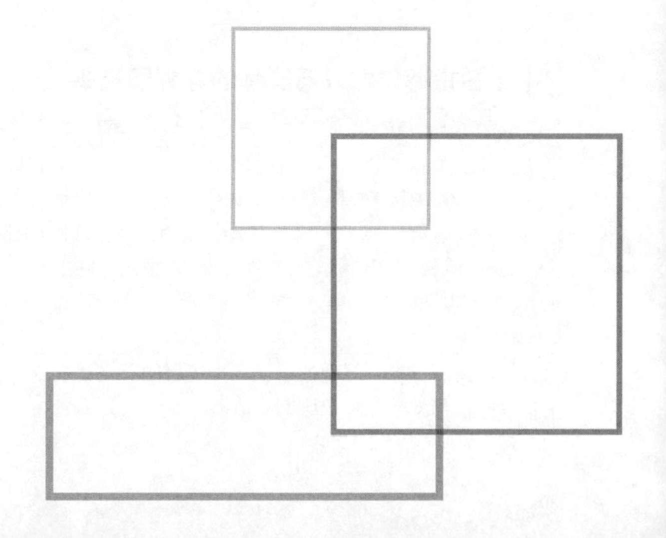

自分の考えや事柄が伝わるようにレポートを書く

【「現代の国語」書くこと】

1 育成する資質・能力

○目的や意図に応じて、実社会の中から適切な題材を決め、集めた情報の妥当性や信頼性を吟味して、伝えたいことを明確にすること。【書くこと　ア】

2 評価規準

知識及び技能	思考力、判断力、表現力等	主体的に学習に取り組む態度
・文、話、文章の効果的な組立て方や接続の仕方について理解すること。【言葉の特徴や使い方に関する事項　オ】 ・主張と論拠など情報と情報との関係について理解すること。【情報の扱い方に関する事項　ア】	目的や意図に応じて、実社会の中から適切な題材を決め、集めた情報の妥当性や信頼性を吟味して、伝えたいことを明確にすること。【書くこと　ア】	主張と論拠など情報と情報との関係について理解したり、目的や意図に応じて、実社会の中から適切な題材を決め、集めた情報の妥当性や信頼性を吟味して、伝えたいことを明確にしようとしたりしている。

3 取り上げる教材・題材

◉SDGs紹介動画（https://www.youtube.com/watch?v=ntRnq_U13Eo）

4 学習指導における具体的な評価規準

知識・技能	思考・判断・表現	主体的に学習に取り組む態度
・文、話、文章の効果的な組立て方や接続の仕方について理解している。 ・主張と論拠など情報と情報との関係を理解している。	目的や意図に応じて、実社会の中から適切な題材を決め、集めた情報の妥当性や信頼性を吟味して、伝えたいことを明確にしている。	情報の内容を整理し、文章の効果的な組立て方を考えたり、目的や意図に応じて、集めた情報を吟味し、自分の考えが的確に伝わるよう表現の仕方を工夫しようとしたりしている。

〈言語活動例〉ア　論理的な文章や実用的な文章を読み、本文や資料を引用しながら、自分の意見や考えを論述する活動。

5 単元の指導と評価の展開

次	時	具体の評価規準と評価方法	学習活動
第一次	1		・目的や意図に応じて必要な情報を収集し、伝えたいことを明確にする。
第二次	2	〈評価規準〉 ・文、話、文章の効果的な組立て方や接続の仕方について理解している。【知識・技能】 ・主張と論拠など情報と情報との関係を理解している。【知識・技能】 [評価方法] ・記述の確認	・集めた情報を基にして、文章の効果的な組立て方や接続の仕方について考える。 ・集めた情報を整理し自分の考えや事柄が伝わるよう、内容を整理する。
第三次	3・4	〈評価規準〉 ・目的や意図に応じて、実社会の中から適切な題材を決め、集めた情報の妥当性や信頼性を吟味して、伝えたいことを明確にしている。【思考・判断・表現】 [評価方法] ・記述の確認	・クラスの他の人との対話を通して、集めた情報の妥当性・信頼性を吟味し、レポートで伝えたいことを明確にする。 ・自分の考えや事柄が伝わるよう、集めた情報を根拠としてその説明を考え、表現の仕方を工夫して、文章の構成を考える。
第四次	5・6	〈評価規準〉 ・情報の内容を整理し、文章の効果的な組立て方を考えたり、目的や意図に応じて、集めた情報を吟味し、自分の考えが的確に伝わるよう表現の仕方を工夫しようとしたりしている。【主体的に学習に取り組む態度】 [評価方法] ・記述の分析	・今までの資料をまとめながら、2,000字でレポートを書く。

＊「学習指導案」「評価方法」については、本書p.6・p.113もご参照ください。

6 単元のデザイン

① 思考ツールの活用

今回の実践では、中央大学杉並高等学校・国語科で開発された「探究マップ」(【図1】)を用いた。「探究マップ」は、A3サイズの紙に75 mm × 75 mmの糊つき付箋が10枚貼れるようになっている。マップの上部には「問い」と「答え」のスペースが用意され、それぞれが序論(導入)と結論(主張)に対応している。この「問い」をもう少し具体的に絞り込んだものとして「具体的な問い」のスペースが２つ用意されており、「具体的な問い」には「具体的な答え」が対応する。さらに、一番下には「根拠」が入る。

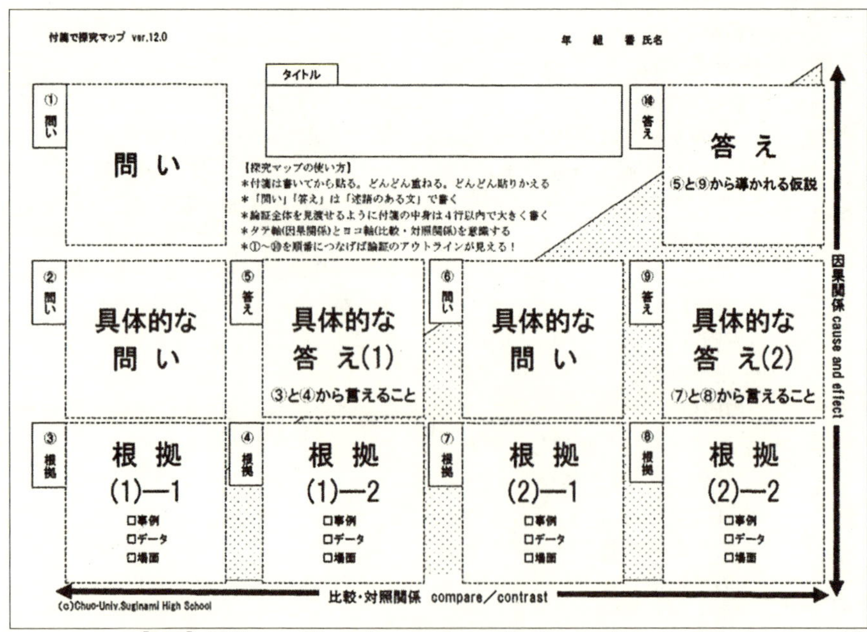

【図1】探究マップ(http://www.chusugi.jp/feature/downloads/tankyumap.pdf)

また、「具体的な問い」の１つ目と２つ目は「比較・対照関係」を、「根拠」と「答え」の欄は「因果関係」を表す。タテの軸は「抽象度」といってもよい。ポイントは、論証の抽象度が、タテ軸として揃っている、ということにある。高校生には、1,000字以上の文章をひとつの構造体として作成することは相当難しく感じられるようだ。分量を多く書こうとするあまり、どうしても論証のはじめと終わりが必ずといってよいほどねじれてしまうのである。そこで、書く前にきちんと論証の構造を揃えた状態で整理させるというプロセスが必要になってくる。「探究マップ」に付箋を並べることで、論証は自然と根拠から主張(答え)へと連なる「ピラミッド・ストラクチャ」を形づくり、ねじれや矛盾が起きづらくなるのである。

② 「考えるための技法」との対応

平成29(2017)年に公表された『小学校学習指導要領解説　総合的な学習の時間編』や『中学校学習指導要領解説　総合的な学習の時間編』には、「考えるための技法」の例として次の10項目があげられている。

○順序付ける　○比較する
○分類する　○関連付ける
○多面的に見る・多角的に見る　○理由付ける(原因や根拠を見付ける)
○見通す(結果を予想する)　○具体化する(個別化する、分解する)
○抽象化する(一般化する、統合する)　○構造化する

「探究マップ」を使うと、上記10項目のすべてを駆動させることが可能になる。自由度の高い「型」の提供によって、むしろ生徒の思考の「型破り」を促すことがねらいである。

③ 「探究マップ」を使った生徒のレポート作成例

伝統建築の保護と継承
～地域で行う伝統建築の有効活用と町おこし～

現在日本では、伝統建築の取り壊しが進んでいる。京町家も取り壊しが進む伝統建築のひとつだ。京町家とは、古来より京都で庶民の家として親しまれてきた木造軸組構法の建築物である。1950年までは新築も行われていた京町家だが、同年に建築基準法が制定され京町家は「既存不適格建築物」に指定された。これによって、新築は行われなくなった。また、修理の専門職である大工や左官も減少したため修理が行われることも少なくなり、取り壊される機会が多くなった。京町家の場合、新築より修理するほうが時間やコストがかかるということも取り壊しに拍車をかけた一因だといえる。他に、住民や持ち主の理解が得られていないことも大きな問題のひとつである。相続税

や資産税等の関係で、取り壊しや手放すことを選択する住人や持ち主も少なくない。住人や持ち主に京町家の伝統建築としての価値を広めていくことも大きな課題となっている。(中略)そこで、その多くの建築を保護するのではなくリノベーションして手を加え、新たな用途を持つ価値のあるものに変えていくという方法が考えられる。古民家を軸にした町づくりは既にいくつかの成功事例があり、政府の支援が計画されている点からもこうした取り組みは活発になると推測できる。それだけでなく、住宅として使うのではなくあえて商業施設へと作り変えることで、伝統建築ならではの不便さも昔体験という魅力になりうる。しかし、一度リノベーションし新たな価値を持つ物件になったとしても時の経過とともに利用されなくなれば、再び空き家に戻ってしまい何度リノベーションし手を加えても、後世に受け継いでいくことは難しい。伝統建築の減少を食い止め後世に伝えていくため、地域住民が主体となって長期にわたり継続的な取り組みを行うことが重要なのだ。(原文は約 2,000 字)

④ 生徒の振り返り

○視覚的に論理構造がわかるので、他人にも説明しやすく、自分も整理がつきやすい。

○「探究マップ」があると文章のアウトラインが見えてくるので、自分の文章に必要なものとそうでないものがわかりやすいと感じた。

○「探究マップ」さえしっかりと筋道立てられていれば、文字数が多くても書けると感じた。

○何が問いで、何が根拠で、何が答えなのかを一目で見て理解することができるので、これからも使えると思った。

7 参考資料

・齋藤　祐「『探究マップ』で論証を組み立てる—俯瞰とメタ認知で AI 時代を乗り越えよ—」(2018 年　ChuoOnline〈http://www.yomiuri.co.jp/adv/chuo/education/20180123.html〉)

（齋藤　祐）

これからの【「現代の国語」書くこと】の授業づくり

「現代の国語」(2単位)は共通必履修科目で、「実社会における国語による諸活動に必要な資質・能力を育成する科目」として新設されている。その中で、【書くこと】の授業時数は、30～40単位時間程度の配当となっている。

この授業プランでは、論理の展開と適切な材料を集め、その分量や重要度を考えて、文章の構成や展開、表現の仕方を工夫しながら、自分の考えや事柄が的確に伝わるレポートをまとめる学習を行うことを意図している。そのため、書こうとする事柄や内容を整理して、論証の根拠を明確にした上で、書くことを求めている。

そこで、書くために、これまで中学校の「総合的な学習の時間」でも学んできた以下の方法を用いて、内容を整理している。

○順序付ける○比較する○分類する○関連付ける○多面的に見る・多角的に見る○理由付ける(原因や根拠を見付ける)○見通す(結果を予想する)○具体化する(個別化する、分解する)○抽象化する(一般化する、統合する)○構造化する

この内容の整理に基づいて「探究マップ」を用いることにより、書く内容の構造化が図られている。そこでは、「具体的な問い」と「具体的な答え」とその「根拠」が、書き込む過程で整理されている。そのことにより、論証の抽象度が高い内容においても、文章全体の構造の理解と把握とが行われるような書く活動が授業として行われる組み立てとなっている。

このような学習により、文章全体の内容がねじれてしまったり、論の構造が対応していなかったりといった論理展開の矛盾のない文章への整理が可能になっている。

論理の展開や論証の根拠を明確にした文章を書くことの指導は、適切な材料を集めるだけではなく、それをいかに的確に表現するかが問われる。「生徒の振り返り」に書かれているように、書き手自身が自覚的に論理の構造と展開とを意識する指導が求められる。

(髙木展郎)

複数の文章を読み比べて、理解したことを発表する

【「現代の国語」読むこと】

1 育成する資質・能力

○目的に応じて、文章や図表などに含まれている情報を相互に関係付けながら、内容や書き手の意図を解釈したり、文章の構成や論理の展開などについて評価したりするとともに、自分の考えを深めること。【読むこと イ】

2 評価規準

知識及び技能	思考力、判断力、表現力等	主体的に学習に取り組む態度
主張と論拠など情報と情報との関係について理解すること。【情報の扱い方に関する事項ア】	目的に応じて、文章や図表などに含まれている情報を相互に関係付けながら、内容や書き手の意図を解釈したり、文章の構成や論理の展開などについて評価したりするとともに、自分の考えを深めること。【読むこと イ】	主張と論拠など情報と情報との関係について理解したり、目的に応じて、文章や図表などに含まれている情報を相互に関係付けながら、内容や書き手の意図を解釈したり、文章の構成や論理の展開などについて評価したりするとともに、自分の考えを深めようとしたりしている。

3 取り上げる教材・題材

◉内山節の評論文

- 本文１「結ばれていく時間」（『戦争という仕事』2006 年 信濃毎日新聞社）
- 本文２「時間と自由の関係について」（『自由論』1998 年 岩波書店）
- 本文３「余暇について」（『高等学校国語総合［改訂版］』2017 年 三省堂）

4 学習指導における具体的な評価規準

知識・技能	思考・判断・表現	主体的に学習に取り組む態度
それぞれの文章の対立する主張とその論拠を指摘することができる。	それぞれの文章の要点を把握し、他の文章と関係付け、筆者の主張をまとめている。	それぞれの文章から共通している主張を取り上げ、１枚の発表用シートにまとめようとしている。

〈言語活動例〉イ 異なる形式で書かれた複数の文章や、図表等を伴う文章を読み、理解したことや解釈したことをまとめて発表したり、他の形式の文章に書き換えたりする活動。

5 単元の指導と評価の展開

次	時	具体の評価規準と評価方法	学習活動
第一次	1	〈評価規準〉 ・それぞれの文章の対立する主張とその論拠を指摘することができる。【知識・技能】 [評価方法] ・記述の確認	・本文1・本文2の内容を論理の展開に注意し、読み取る。 ①隣の人とペアになり、本文1「結ばれていく時間」を形式段落ごとに音読する。 ②「カレンダーの時間(A)」「二十四節気の時間(B)」の対立軸を示し、二項対立を意識しながら、再度本文を黙読する。 ③隣の人とペアになり、A・Bの対立を指摘しながら、本文の内容を説明する。 ④本文2「時間と自由の関係について」を形式段落ごとに前後4～5人のグループで音読する。 ⑤「ふたつ」とは何と何を指すのかを読み取り、隣の人または前後で確認をする。 ⑥「結ばれていく時間」「時間と自由の関係について」において、対比されている「ふたつの時間」を、その違いがわかるように図と言葉でまとめる。
第二次	2	〈評価規準〉 ・それぞれの文章の要点を把握し、他の文章と関係付け、筆者の主張をまとめている。【思考・判断・表現】 [評価方法] ・記述の確認	・本文3の内容を論理の展開に注意し、読み取る。 ①前時に書いた図を、隣の人に示しながら前時の内容を確認する。 ②本文3を、逆接の接続詞に注意しながら、形式段落ごとに4人で音読する。 ③「余暇」について、「今日語られている余暇」と筆者が主張している余暇の違いは何か。1人で読み取る。 ④本文中の「余暇」について、読み取った内容をペアで確認する。 ⑤本文1・本文2・本文3で述べられている筆者の主張をまとめた発表用シートを作成する。(発表用シート評価表【資料1】を共有する。)

第三次	3	〈評価規準〉 ・それぞれの文章から共通している主張を取り上げ、１枚の発表用シートにまとめようとしている。【主体的に学習に取り組む態度】 ［評価方法］ ・記述の確認	・筆者の主張を的確に捉え、要点をまとめ、相手にわかりやすく伝える。 ①前時に作成した発表用シートを用いて、筆者の主張を説明する。（発表時間３分、質疑・コメント２分）。 ②リハーサル：隣の人とペアになり、発表用シートを用いて交互に発表のリハーサルを行う。互いの発表を聞き、良いところを指摘したり、自分の発表に取り入れたりする。 ③本番：ペアを変えて、合計３回発表を行う。発表は互いに評価する。【資料２】 ④席を移動し、ペアを変える。新しいペアで、発表用シートを用いた発表を行う。回を重ねるごとに、時間配分や説明内容を精査するよう工夫をする。 ⑤振り返り：自己評価シート【資料３】を用いて、発表の振り返りを行う。自由記述欄に、筆者の主張に対して、気づいたこと、考えたことを記述する。

6 単元のデザイン

① 複数の教材からテーマを読み取る活動

内山節の評論文は、複数の教科書に採録されている。その主張は、題材に多少の差はあるものの、いずれの教材も「時間」の概念を通して前近代的な「自然」と近代社会を対比し、現代の社会的な課題について持論を述べている。文章は語彙や表現が平易で構成も読み取りやすいが、時折用いられる抽象的な表現や論理展開の飛躍のため、その教材だけでは論旨を読解しにくいことがある。

そこで内山節が主張している、近代以後の自然と人間の関係や、時間と自由の捉え方を、教材の重ね読みによって読み取る単元を作成した。今回取り上げた三つの教材はいずれも現行の教科書に掲載されている。本文１を読むことにより本文２の二項対立が捉えやすくなり、本文３における「余暇」についての筆者の考えの背景には、本文２の主張が関わっている。これらの密接な主張の連鎖に生徒自身が気づき、内山節が一貫して主張している、近代以後の時間概念への問題意識を読み取らせたい。

②　多読と協働学習

複数の教材を扱う今回の単元では、一つ一つの教材を丁寧に精読するのではなく、むしろテンポよく本文を読み進めていく中で、主張の大局を捉え、協働学習を通じて重要概念を抽出し、最終的には筆者の主張を捉えられるような工夫をする。

また課題の難易度や量に応じて「Think(1人で考える)-Pair(ペアで考える)-Share(複数で意見交換をする)」をうまく使い分け、読解の抜けやズレに生徒が自ら気づき、対話によって補えるような設計をする。

第一、二次……本文1は、文章も短く、対比構造が容易に読み取れる教材のため、ペア学習を中心にした活動にした。自信をもって対話ができるため、学習の場づくりにも効果がある。一方、本文2、本文3は、本文1に比べて若干文章量が増え、対比を明らかにするのに多少時間がかかる教材である。そのため音読や活動の際の人数を増やして行うようにする。

第三次……発表に際し、必要以上に身構えたり恥ずかしさからか急に話ができなくなったりする生徒がいる。そのためリハーサルの時間をとり、よりよい発表ができるような環境づくりを行いたい。リハーサルから本番までの間にステップを置くことで、相手の発表の良いところを取り入れたり、自分の読解の誤りに気づいたりする時間にもなる。さらに本番での発表ペアは、フォークダンスのように片側の列の生徒が順にずれていく方法を用い、いつもとは違う相手との発表や対話の場をつくる。生徒は複数の発表を聞き、質疑を通じて本文の読解を深め、さらに相手に効果的に伝える技術についても学んでいくことができる。

③　図や記号を用いて主張を再構成する

今回の単元では、文章から読み取った主張を文章で要約するのではなく、一枚のシートにまとめるように指示を出した。それには二つ目的がある。一つ目は、読み取った内容を生徒が一度自分の頭の中で考え、自分なりの言葉に的確に置き換えられているかどうかを見るためである。文章をそのまま書き写している場合、往々にして文章の内容を理解していないことがある。そこで、違う語句や表現に置き換えることで、内容の理解を深めるのに役立つ。二つ目は、プレゼンテーションなど発表の場面で、どのようなシートを用いると相手に伝わりやすいのかを知るためである。相手を意識した発表は、自分の理解の曖昧な箇所を明らかにする効果がある。わかりやすい発表とは何かを考えるとき、自然と本文を深く読む行為へと導かれるのである。

また第二次で発表用シートづくりの活動を行う前段階として第一次の終わりに、読み取ったことを図にまとめる活動を行っている。生徒は互いの図をシェアすることで、第二次の発表用シートづくりのイメージを明確に捉えられるようになる。

④ 評価シートについて

発表用シート、発表用他者評価、自己評価シートを用いて評価を行う。これらの評価の観点、規準はあらかじめ生徒に示しておくことが望ましい。生徒はこのシートを見ることで、何を身につけるのか(目標・観点)、どの程度のことが求められているのか(到達度)を把握し学習にむかうことができる。教員にとっても学習目標と活動及び評価とが一致しているかを見直す機会になる。学習評価を生徒と共有することは、評価への信頼性や公平性を保障することとなり、ひいては授業、教科への信頼につながるだろう。

評価規準を提示する評価シートは、教員と生徒がともに安心して学習に向かうことのできるツールの一つといえよう。

以下に評価シートの一例を示す。

7 参考資料

【資料１】発表用シート評価表(例)

	A	B	C	D
キーワード	「時間」「自由」「余暇」について違いがわかるように工夫を凝らして説明している。	「時間」「自由」「余暇」について違いがわかるように説明している。	「時間」「自由」「余暇」について違いがおおむね説明している。	「時間」「自由」「余暇」についていずれかの違いを説明している。
見やすさ	シート内の文字の量が適切であり、図や記号を用いて工夫を凝らした見やすい構成になっている。	シート内の文字の量が適切であり、図や記号を用いた見やすい構成になっている。	シート内の文字の量、図や記号の用い方は適切だが、見やすい構成になっていない。	文字の量が不適切である。図や記号を用いていない。または効果的な用い方ではない。

【資料 2】発表用シート他者評価（例）

	A	B	C	D
発表内容	「時間」「自由」「余暇」について違いがわかるように**具体例を用いるなど工夫を凝らして説明すること。**	「時間」「自由」「余暇」について違いが**わかるように説明すること。**	「時間」「自由」「余暇」について違いを**おおむね説明すること。**	「時間」「自由」「余暇」についていずれかの違いを説明すること。
時間配分	時間内に内容を説明し、時間を有効に使っている。	時間内におおよその説明をしている。	時間をオーバーしたり、大幅に余らせたりして時間を有効に使っていない。	

【資料 3】自己評価シート（例）

	A	B	C	D
発表（1 回目）	「時間」「自由」「余暇」について違いがわかるように**具体例を用いるなど工夫を凝らして説明できた。**	「時間」「自由」「余暇」について違いが**わかるように説明できた。**	「時間」「自由」「余暇」について違いが**おおむね説明できた。**	「時間」「自由」「余暇」について**いずれかの違いを説明できた。**
発表（3 回目）	「時間」「自由」「余暇」について違いがわかるように具体例を用いるなど工夫を凝らして説明できた。	「時間」「自由」「余暇」について違いがわかるように説明できた。	「時間」「自由」「余暇」について違いがおおむね説明できた。	「時間」「自由」「余暇」についていずれかの違いを説明できた。
質疑の時間	相手の説明に対して同意したり、質問したりして、質疑の時間の対話から新たな考えを導き出せた。	相手の説明に対して同意したり、質問したりなどして、質疑の時間を有効に活用できた。	相手の説明に対して興味を持って聞き、いくつかの質問をすることができた。	質疑の時間を有効に活用することができなかった。
発表を通じて気づいたことや相手の発表をきいて取り入れたいと思ったことを記述しよう。				
筆者の主張に対して、考えたことを理由とともに記述しよう。				

（沖　奈保子）

これからの【「現代の国語」読むこと】の授業づくり

「現代の国語」（２単位）は共通必履修科目で、「実社会における国語による諸活動に必要な資質・能力を育成する科目」として新設されている。その中で、【読むこと】の授業時数は、10〜20単位時間程度の配当となっている。

この授業プランでは、３時間の「読むこと」の授業で、抽象的な表現や論理展開に飛躍のみられる筆者の評論文の読解を、重ね読みすることで、それぞれの文章に書かれている内容の相対化を図ることをとおし、中心となる教材文における筆者の主張を捉えることを意図している。

このことにより、論理的な文章を読んで、さまざまな視点から内容を理解したり解釈したりして、自分の考えを深めることをとおし、現代社会に必要な国語での「読むこと」の資質・能力を育成しようとしている。

授業者は、抽象的な表現や論理に飛躍のある文章に生徒が向き合うにあたって、本文の内容を捉えやすくする工夫をしている。論点の対立がわかるものと内容の関係がわかるものとを教材として提示することにより、それらの内容を比較する中で、筆者の問題意識がつかめるような単元構想を行っている。

そこには、「現代の国語」の科目として育成すべき資質・能力として、主張と論拠など情報と情報との関係、個別の情報と一般化された情報との関係、推論の仕方、情報の妥当性や信頼性の吟味の仕方が、授業のねらいとして位置づけられ、展開されていることが見て取れる。

さらに、生徒の読みを深めるために「主体的・対話的で深い学び」を行う授業構成を行っており、自分一人の読みを教室の中での他者との相対化をとおし、それまで一人で読んだ内容を、さらに深めた読みとして昇華させる授業となっている。また、読み取った内容を図や記号を用いて再構成することは、「自己の学びを再構成して吟味し、意味づける」というリフレクションとなっており、単に活動としての自己評価にとどまらず、自己相対化の視点の獲得を一人一人の生徒に行わせている。（髙木展郎）

成立した時代の異なる作品を読み比べる

【「言語文化」読むこと（古典）】

1 育成する資質・能力

○作品や文章の成立した背景や他の作品などとの関係を踏まえ、内容の解釈を深めること。【読むこと　エ】

2 評価規準

知識及び技能	思考力、判断力、表現力等	主体的に学習に取り組む態度
時間の経過や地域の文化的特徴などによる文字や言葉の変化について理解を深め、古典の言葉と現代の言葉とのつながりについて理解すること。【我が国の言語文化に関する事項　エ】	作品や文章の成立した背景や他の作品などとの関係を踏まえ、内容の解釈を深めること。【読むこと　エ】	時間の経過や地域の文化的特徴などによる文字や言葉の変化について理解を深め、古典の言葉と現代の言葉とのつながりについて理解したり、作品や文章の成立した背景や他の作品などとの関係を踏まえ、内容の解釈を深めようとしたりしている。

3 取り上げる教材・題材

◉『御伽草子』・『俊頼髄脳』・『丹後国風土記』・『万葉集』

4 学習指導における具体的な評価規準

知識・技能	思考・判断・表現	主体的に学習に取り組む態度
時間の経過や地域の文化的特徴などによる文字や言葉の変化について理解を深めている。	他の作品などとの関係を踏まえ、豊かに想像することで内容の解釈を深めている。	時間の経過や地域の文化的特徴などによる文字や言葉の変化について理解を深めたり、他の作品などとの関係を踏まえ、豊かに想像することで内容の解釈を深めようとしたりしている。

〈言語活動例〉ウ　異なる時代に成立した随筆や小説、物語などを読み比べ、それらを比較して論じたり批評したりする活動。

5 単元の指導と評価の展開

次	時	具体の評価規準と評価方法	学習活動
第一次	1	〈評価規準〉 ・時間の経過や地域の文化的特徴などによる文字や言葉の変化について理解を深めている。【知識・技能】 ［評価方法］ ・行動の観察	1. 本単元の学習の見通しをもつ。 2. 現代の「浦島太郎」について、知っていることを共有し、物語の展開を確認する。 3.「乙姫はなぜ浦島太郎に玉手箱を渡したのか。」という問いについて、意見交流をする。 4. 教師の示した、「浦島太郎」に関する複数の問い（例「いつの時代から「太郎」と呼ばれるようになったか。」など）について、成立した時代の異なる複数のテキストを読み比べて考察する。 5. テキストを基に、根拠を明確にして意見交流する。
第二次	2・3	〈評価規準〉 ・他の作品などとの関係を踏まえ、豊かに想像することで内容の解釈を深めている。【思考・判断・表現】 ［評価方法］ ・記述の点検	1. グループになり、①「『俊頼髄脳』と現代の『浦島太郎』の相違点」、②「『御伽草子』、『丹後国風土記』、『万葉集』の結末部分の相違点」、③「他国に伝わる『浦島太郎』と現代の『浦島太郎』の相違点」から問いを１つ選ぶ。 2. 辞書などで調べながら、本文を読み取る。 3. 書き下し文等の追加資料を参考にして、解釈する。 4. テキストをもとに、根拠を明確にしてワークシートに考えをまとめる。 5. 発表原稿と、パワーポイント等の視覚資料を準備する。
第三次	4	〈評価規準〉 ・時間の経過や地域の文化的特徴などによる文字や言葉の変化について理解を深めたり、他の作品などとの関係を踏まえ、豊かに想像することで内容の解釈を深めようとしたりしている。【主体的に学習に取り組む態度】 ［評価方法］ ・記述の分析	1. 問いについて考察した内容を、根拠を明確にして、視覚的資料を用いながらグループごとに発表する。聞き手は、ワークシートを用いて評価する。 2.「『浦島太郎』が現代まで読み継がれているのはなぜか。また、どのようにして未来に継承していくか。」について、自分の考えを文章にまとめる。

6 単元のデザイン

①　古典の豊かな世界に触れ、読み味わうための教材選定

本単元には、上代から近現代まで一貫して見通すことのできる教材が適している。「浦島太郎」は、誰もが幼い頃に昔話として親しんだ経験のある物語である。我が国の歴史の中で少しずつ形を変えながら継承されてきたことを、複数のテキストから読み取ることができ、生徒の探究心を刺激する。さらに、古典の価値や面白さを味わい、生涯にわたって読書に親しみ、自己を向上させていくことも期待できる教材である。

②　読みが深まる問い

第一次の導入段階では、自分の知見で取り組めるオープンエンドの問いを与えて古典に興味・関心をもたせ、学ぶ意欲を引き出すことを目的としている。さらに、「玉手箱の中身の正体は何か。」などの新たな問いが学習者から出されることも予想される。それらについてクラスで自由に意見交流し、他者の意見を聞くことで、自分の考えを広げたり深めたりすることができる。

第一次の複数の問いは、テキストを読み比べなければ正解を導き出すことができないものを与える。比較的安易な問いにして、テキストから根拠を導き出す学習を繰り返し行い、テキストと向き合う姿勢を定着させることを目的としている。

第二次の問いでは、テキストを読み比べて根拠を探す学習で古典を読む能力を養い、思考力を伸ばし、さらには時代の影響や変化にともなって、文字や言葉も変化していることを知ることができる。

中国や韓国には「浦島太郎」と似たような説話が存在する。浦島説話は中国の神仙説話の影響を受けて成立した可能性が高い。教師の与えた資料をただ読み比べるだけでなく、他国の浦島説話についての資料を調べさせるなどして、その源流を探らせてもよいだろう。

なお、生徒の実態に応じて、テキストの読み取りには辞書や書き下し文、現代語訳などの参考資料を利用して苦手意識を払拭し、古典の世界を身近に感じさせることも必要である。

③　共感したり豊かに想像したりする力を伸ばす学習活動

他のグループの発表を聞いて評価することで、自分たちのグループが問いに対して明示した根拠が妥当かを確かめることができる。評価は、他のグループの発

表内容について優れている点や矛盾している点、自分の考えと異なる点などをワークシートに指摘することによって行う。この学習により、作品の内容や解釈と、自分のものの見方、感じ方、考え方を深めることが期待できる。また、物語の展開の仕方や文章の形式などについて批評したり討論したりする活動も、読みを深めるのに効果的である。

④ 我が国の言語文化の担い手としての自覚を養う学習活動

本単元の学習活動で、一人でも多くの生徒が古典に興味・関心を抱き、古典の世界を魅力的に感じることで古典嫌いから脱却することで、生涯にわたって古典に親しむ態度を養いたい。長年にわたって伝えられてきた親しみのある作品に触れることで、人間、社会、自然などに対する様々な考え方、感じ方を知り、豊かな感性や情緒がはぐくまれ、人生をより豊かなものにしていくであろう。古典の価値を認めることができたのならば、自然とその次の世代へと継承されていくはずである。

7 参考資料

・松尾佳津子『古文を楽しく読んでみる』（2008年　ベレ出版）
・三舟隆之『浦島太郎の日本史』（2009年　吉川弘文館）

（大元理絵）

これからの【「言語文化」読むこと（古典）】の授業づくり

「言語文化」（2単位）は共通必履修科目で、「上代から近現代に受け継がれてきた我が国の言語文化への理解を深める科目」として新設されている。その中で、【読むこと（古典）】の授業時数は、40～45単位時間程度の配当となっている。

この授業プランでは、古典の世界を一貫して見通せる素材として、生徒たちに親しみのある「浦島太郎」を取り上げている。生徒たちは、昔話としての「浦島太郎」については、よく知っている。それを、古典の中での「浦島太郎」として複数の文章を読むことにより、古典の価値やその面白さを味わい、生涯にわたって親しむことを授業のねらいとしている。

このことは、我が国の伝統や文化をテーマにした古典や古典を解説した文章、古典を翻案した小説、近代以降の文学的な文章などを読んで、ものの見方、感じ方、考え方を捉えて内容を解釈したり、我が国の言語文化について考えたりする学習につながっている。

授業では、テキストと対峙しながら『御伽草子』『俊頼髄脳』『丹後国風土記』『万葉集』の四つの教材を読み比べることにより、思考力を育成し、国語の資質・能力の育成を図ることを行おうとしている。そこでは、時代的な背景や、さらに、文字や言葉も時代によって変化しているという、古典の教育で行う基本的な内容も含まれている。

生徒たちの古典に対する苦手意識をなくすよう、辞書の使用や現代語訳、資料等を用いて解釈や意味をわからせるという基礎的・基本的なことも「言語文化」における古典の指導として適切に位置づけられている。

また、古典を理解するために、個人の読みのみではなく、教室の他者との交流を通して、その位相について気づかせるとともに、物語の展開の仕方や文章の形式などについても批評や討論をとおし、一人一人の生徒の読みを深めることを目ざしている。このような古典の授業を行うことにより、古典に親しむだけではなく、古典への理解が一層深まることが期待できる。

（髙木展郎）

小説の内容や表現を解釈する

【「言語文化」読むこと（近代以降）】

1 育成する資質・能力

○作品や文章に表れているものの見方、感じ方、考え方を捉え、内容を解釈すること。【読むこと　イ】

2 評価規準

知識及び技能	思考力、判断力、表現力等	主体的に学習に取り組む態度
文章の意味は、文脈の中で形成されることを理解すること。【言葉の特徴や使い方に関する事項　エ】	作品や文章に表れているものの見方、感じ方、考え方を捉え、内容を解釈すること。【読むこと　イ】	文章の意味は、文脈の中で形成されることを理解したり、作品や文章に表れているものの見方、感じ方、考え方を捉え、内容を解釈しようとしたりしている。

3 取り上げる教材・題材

◉志賀直哉「城の崎にて」（『志賀直哉全集　第２巻』1973年　岩波書店）

4 学習指導における具体的な評価規準

知識・技能	思考・判断・表現	主体的に学習に取り組む態度
文章の意味や表現は、作品の文脈の中で形成されることを理解している。	作品に表れている登場人物の感じ方を捉え、読み取りの根拠を明らかにして架空のダイアローグを書き、小説の内容や表現を解釈している。	作品に表れている登場人物の感じ方を捉え、読み取りの根拠を明らかにして架空のダイアローグを書き、小説の内容や表現を解釈しようとしている。

〈言語活動例〉イ　作品の内容や形式について、批評したり討論したりする活動。

5 単元の指導と評価の展開

次	時	具体の評価規準と評価方法	学習活動
第一次	1	〈評価規準〉 ・文章の意味や表現は、作品の文脈の中で形成されることを理解している。【知識・技能】 [評価方法] ・行動の観察	○単元の見通しを持つ。 ・「まなびのプラン」（p.54参照）を使い、本単元の学習に対して見通しを持つ。 ・全体を通読し、「なぜ『自分』は『生きていることと死んでしまっていることと、それは両極ではなかった』と思うに至ったのか」という問いを意識する。 ○作品を読む上で必要な知識を身につける。 ・志賀直哉や白樺派について、文学史的な内容を学ぶ。 ・一人称の作品の特徴について考える。
第二次	2		○場面設定や心情を読み取る方法を学び、教室全体で考える。 ・冒頭から「蜂」の死骸の描写までを使い、場面設定の確認方法や、根拠に基づいて登場人物の心情を読み取る方法を学習する。 ・本文にある「蜂」の描写から、「自分」のどのような心情が読み取れるかを教室全体で考える。
	3・4	〈評価規準〉 ・作品に表れている登場人物の感じ方を捉え、読み取りの根拠を明らかにして架空のダイアローグを書き、小説の内容や表現を解釈している。【思考・判断・表現】 [評価方法] ・行動の観察、記述の点検	○架空のダイアローグを書くための準備をする。 ・授業者から出された「問い」に対する答えを考える。 ・考えた答えを発表したり、他の生徒と意見交換をしたりする。 ・「作者に聞けるとしたら……」という仮定のもと、本文の内容や表現についてどのようなことを聞きたいかを書きまとめる。
第三次	5・6	〈評価規準〉 ・作品に表れている登場人物の感じ方を捉え、読み取りの根拠を明らかにして架空のダイアローグを書き、小説の内容や表現	○架空のダイアローグを作成する。 ・作家へのインタビューや、作家が自作について語る対談等を読み、ダイアローグの書き方の参考とする。 ・授業者からの問いや、考えた質問を中心にして、「S氏」（＝「城の崎にて」の「自分」）

第三次	5・6	を解釈しようとしている。【主体的に学習に取り組む態度】 ［評価方法］ ・記述の分析	と、内容や表現について質問する「記者」の二人による、架空のダイアローグを書く。 ○書いたダイアローグを読み合う。 ・書いたダイアローグを相互に比較して、作品に対する解釈について意見交換をしたり、感想を言い合ったりする。 ○単元の振り返りをする。 ・「まなびのプラン」を使い、全体の振り返りを行う。

6 単元のデザイン

① はじめに

本実践は、「思考力、判断力、表現力等」の「B　読むこと」の「イ　作品や文章に表れているものの見方、感じ方、考え方を捉え、内容を解釈すること」を目標とし、そのための手立てとして言語活動例のイに示された「作品の内容や形式について、批評したり討論したりする活動」を取り入れている。小説を読み、内容や文章の表現方法について自分で問いを立て、その答えを自分で考え、ダイアローグの形式によって書きまとめることで、登場人物の考え方や感じ方、または文章の表現方法についての理解を深め、作品に対して自分なりの解釈を持てる力を付けることを目標とする授業である。

② ダイアローグについて

「ダイアローグ」とは、演劇などで使われる手法であり、二人以上の登場人物が対話や問答などをすることである。似た言葉の「モノローグ」とは、「独白」であり登場人物が一人で自分の考えや状況を口にすることをいう。本実践では一人称の小説作品を読むために、自作について語る「語り手」と、作品について質問する「聞き手」の二人による、架空のダイアローグを作成することによって、多面的に作品の内容や表現を解釈していく。自分で作品に対する問いを作り、問いの答えをテキストを読みながら考え、自問自答しながら書き進めることになる。言い換えるならば、テキストから読み取った内容について、自ら課題を設定して「聞き手」の立場として問いかけ、解決した課題の内容を今度は「語り手」の立場で答えていく。このように、自己の内面に他者を設定するので、自分の考えを客観的に見ることができる。

③　「まなびのプラン」について

単元で学習した内容がどのように資質・能力と関わっていくのかを意識するためには、生徒が学習の過程に対して見通しを持ち、また単元終了後には自分がどのようなことを学んだのかを振り返ることが有効である。学びを自分の中で位置づける方法として単元ごとに「まなびのプラン」を作成している。指導案にあるように単元の最初には「まなびのプラン」を生徒に配布して、単元の目標、中心となる問いかけ、学習活動を確認している。各授業の最初には授業の目標や手順を確認する。そして、単元の最後には振り返りを書く。振り返りには「教材に対する感想」「授業に対する感想」にとどまらず、「この単元を勉強して身についた『国語』の力を具体的に書こう」「今回勉強したことは、今後どんなことに活用できるか具体的に書こう」という項目を作り、学びと資質・能力の関係を意識しやすくしている。7参考資料に掲げた図のように見通し用と振り返り用を片面印刷にして一枚ずつ配布すればノートに貼ることができ、また両面印刷にすればファイルに入れて保管することもできる。年間の国語の授業を通じてどのように学びが蓄積されたかを生徒が認識できることを期待している。

④　授業の流れ

第一次では、本単元全体を通して考えるべき問題として、「なぜ『自分』は『生きていることと死んでしまっていることと、それは両極ではなかった』と思うに至ったのか」という大きな問いを授業者から示した。生徒が架空のダイアローグを書く際にも、この問いを最後の質問として必ず入れるようにすることで、作品を解釈するための要となり、さまざまな問いを収斂する大きな問いとなった。また、作品を読み解くために、一人称の小説の特徴について示した。特に、この後に視点を変えて架空のダイアローグを書くため、生徒は小説の視点について理解しておく必要がある。

次に第二次では、まず小説の場面設定や人物の心情を理解するための方法を講義した。冒頭から「蜂」の死骸を見るところまでを材料にして、「いつ」「どこで」「何をして」「どうなったか」等、場面設定の読み取り方や、そうした状況にある登場人物がどのような心情であるかを読み取る方法を示した。特に心情の読み取り方については、当然人によって異なることが多いので、なぜ違うのか、違うことでどのようなことが考えられるのか、何を根拠としてそう考えたのかということを丁寧に生徒に問いかけ、小説の解釈につながる学びを教室全体で行った。

そして次に、架空のダイアローグを書く準備段階に入った。はじめに、作品の理解を深め、また作品に対する「問い」を生徒が作るための例として、授業者から以下の四つの問いを出した。

(1)なぜ「自分」は、死ななかったのは必然だと思ったのか。

(2)ねずみの動騒を見て「自分」はどのように感じたか。

(3)いもりが死んだときに「自分」は何を考えたか。

(4)「脊椎カリエスになるだけは助かった」とあり、なぜ「だけ」という表現を使ったのか。

生徒がダイアローグを書き進めるには、自由な発想によって書くことと同時に、書く方向性について規準があることが望ましい。規準とは授業者が必ず考えさせたいことでもある。(1)～(4)はあくまで例であり、生徒の学びに合わせて、個数や内容を設定すると良い。(4)について補足をすると、「城の崎にて」にはちょっとした表現の中に深い意味が込められていたり、擬音語が効果的に使われていたりする個所が多く、表現が豊かである。言語活動例のイには「作品の内容や形式」という記述がある。「城の崎にて」は、内容だけでなく表現についても考えるのに適した教材であるため、文章表現についての問いを一つは設けると良いだろう。(1)～(4)の問いに対する答えを考え、発表し意見交換をした後に、「作者に聞けるとしたら……」という仮定のもと、今度は生徒が作品に対してどのようなことを質問したいのかを書きまとめた。考えた質問はグループや教室全体に発表した。自分で考えるだけでなく多くの人と意見を交わしたため、生徒の理解が深まっていた。

最後に第三次では、架空のダイアローグを書く参考となるような、実際の対談やインタビュー記事などを読んだ。文芸雑誌を中心に、作品について作者にインタビューする記事は多い。こうした記事を活用し、考えた問いと答えをダイアローグの形式に整えた。その際、一人称の小説であっても作品の書き手と作中の主人公はあくまで別人である、という考えに立ち、「志賀直哉」ではなく「S氏」という架空の人物が質問に答えるという体裁を取った。中には考えた問いと答えを脈絡なく順不同に並べる生徒もいたため、作品の順序に沿って書き、ダイアローグによって作品全体を解釈するという考えを強調した。また、根拠を明確にするために「語り手」が「小説に『～～』と書いたように」という言い回しを使う例を示した。ダイアローグ完成後には生徒自身が相互に読み合い、解釈の違いについて話し合うことで、考えが更に深まっていた。

⑤　評価について

思考力・判断力・表現力については、「読むこと」として、「作品に表れている登場人物の感じ方を捉え、読み取りの根拠を明らかにして架空のダイアローグを書き、小説の内容や表現を解釈している」ことを評価規準とした。具体的には、四つの問い・自分の考えた問い・そして大きな問いと、その答えによって、登場人物の心情や表現の仕方について、根拠を明らかにしたダイアローグを書き、作品全体に対して自分なりの解釈を示すことができればＢ評価である。いっぽう、大きな問いに対する答えが示されていなかったり、本文の内容や表現とは関係のない問いによってダイアローグを書いていたり、本文に根拠のない勝手な読みによって解釈したりしている場合はＣ評価となる。反対に、設定した問いや答えが本質的で大変優れていたり、全体の論理性が強固に一貫していたり、内容・表現に対する解釈が独創的であったりして、Ｂの規準を大きく超えたダイアローグを書いている場合のみＡ評価となる。

本実践では教科書収録教材として一般的な「城の崎にて」について、架空のダイアローグを作成することで、一人称の小説に対して、「語り手」と「聞き手」という視点を移動させて多面的に読み込んだ。それは「作品や文章に表れているものの見方、感じ方、考え方を捉え、内容を解釈すること」(【読むこと　イ】)を目標としているからである。しかし、同じダイアローグという方法を用いたとしても、たとえば「作品や文章の成立した背景や他の作品などとの関係を踏まえ、内容の解釈を深めること」(【読むこと　エ】)を目標とするならば､研究史の厚い､志賀の伝記や評論･論文などを生徒に提供して､多角的に作品を読んでダイアローグを書くこともできるだろう。事実、志賀には「創作余談」(『志賀直哉全集　第6巻』1999年　岩波書店)や「続々創作余談」(『志賀直哉全集　第9巻』1999年　岩波書店)のように、「城の崎にて」に触れている文章がある。しかし、本実践で目標とすることは生徒が自分で作品を読み取り、解釈することであったので、これらの資料はあくまで「参考」として示すにとどめた。学習の目標と、それを支える教材、学習活動には親和性があるため、目標に即してどのような教材、活動が適切かを考える視点を授業者自身が常に持つ必要があるだろう。

7 参考資料 「まなびのプラン」

「言語文化」 まなびのプラン

番号　　　　名前

1．みんなにつけて欲しい力
○作品に表れている登場人物の感じ方を捉え、読み取りの根拠を明らかにして架空のダイアローグを書き、小説の内容や表現を解釈すること。
○文章の意味や表現は、作品の文脈の中で形成されることを理解している。

2．単元名「架空のダイアローグを作成し、小説の内容や表現を解釈しよう」
（小説・志賀直哉「城の崎にて」）

3．中心となる問いかけ「なぜ『自分』は『生きていることと死んでしまっていることと、それは両極ではなかった』と思うに至ったのか」

4．この単元ですること

次	みんなにつけて欲しい力	学習内容・活動
1	文章の意味や表現は、作品の文脈の中で形成されることを理解している。	・作品の文学史的な内容について学ぶ。 ・一人称の作品の特徴について考える。 ・全体を通読する。
メモ		
2	作品に表れている登場人物の感じ方について、根拠に基づいて捉えている。	・場面設定や、根拠にもとづいて、登場人物の心情を読み取る方法を学習する。 ・「蜂」の描写から、「自分」の心情を読み取る。
メモ		
3	作品に表れている登場人物の感じ方を捉え、読み取りの根拠を明らかにして架空のダイアローグを書く準備を通して、小説の内容や表現を解釈している。	・授業者から出された「問い」に対する答えを考える。 ・考えた答えを発表したり、他の生徒と意見交換をしたりする。 「作者に聞けるとしたら…」という仮定のもと、聞きたいことを書きまとめる。
メモ		
4	作品に表れている登場人物の感じ方を捉え、読み取りの根拠を明らかにして架空のダイアローグを書き、小説の内容や表現を解釈しようとしている。	・実際の対談を読み、ダイアローグを書く参考とする。 ・「Ｓ氏」と「記者」による架空のダイアローグを作成する。 ・書いたダイアローグを相互に比較して、作品に対する解釈について意見交換をしたり、感想を言い合ったりする。
メモ		

①この単元を勉強して、自分ではどれぐらいできたと感じるか選んでみよう。

よし　　よろし　　わろし　　あし

②この単元を勉強して身についた「国語」の力を具体的に書こう。

③この単元の「みんなにつけて欲しい力」を身につけるために、自分としてはどんなことをしてきたか、具体的に書こう。

④この単元内の授業で学んだ役に立ちそうな「勉強法」があれば書こう。

⑤今回勉強したことについてあなたの意見や感想を書こう。

⑥今回勉強したことは、今後どんなことに活用できるか具体的に書こう。

⑦この単元を勉強し、今後も知りたいと思ったこと考えたいことを「疑問文」で書こう。
（例）「どうして〜？」「何が〜？」「なぜ〜？」「〜とは何？」（たくさん書こう）

（潮田　央）

これからの【「言語文化」読むこと(近代以降)】の授業づくり

「言語文化」（2 単位）は共通必履修科目で、「上代から近現代に受け継がれてきた我が国の言語文化への理解を深める科目」として新設されている。その中で、【読むこと(近代以降)】の授業時数は、20 単位時間程度の配当となっている。

この授業プランでは、近代以降の文学的な文章を読んで、ものの見方、感じ方、考え方を捉えて内容や表現を解釈する学習を行おうとしている。文学作品『城の崎にて』を読むことをとおして「作品に表れている登場人物の感じ方を捉え、読み取りの根拠を明らかにして架空のダイアローグを書き、小説の内容や表現を解釈している」ことを目標の一つとしている。

『城の崎にて』の文体の特徴である一人称の視点から描かれている内容を理解するための具体的な手立てとして、本授業では、ダイアローグの形式によってまとめる活動を行っている。自分の中に他者を設定することにより、生徒一人一人が自問自答をとおして、登場人物の感じ方や考え方、さらに、文章表現についての理解を深めることができる。そのことにより、一人一人の生徒の文学作品に対する国語での読むことの資質・能力の育成を図ることになる。

文学作品を教室で読むことは、日常生活の中で小説を読むこととは異なる。教室での読みは、一人一人の生徒の読むための資質・能力を育成することが目的であり、そのための他者の存在が重要となる。他者の介在をとおして一人一人の読むことに対する資質・能力の育成を図ろうとしているのである。それは、常に、自分以外の他者の読みとの相対化の中で読むということである。ここに、読むことに対しての多義的な解釈が生まれる。

読むことが、正解を求める読みから、多面的・多角的な読みを求めるとき、そこには、教室における他者の存在が大きな意味をもつ。他者との交流を通し多様な読みに出合い、読みを深め、それぞれの読みの根拠に一人一人の読み手が気づくことが、教室で文学作品を読むことの意義となる。

（髙木展郎）

さまざまな観点から考察した内容を意見文にまとめる

【「論理国語」書くこと】

1 育成する資質・能力

○情報の妥当性や信頼性を吟味しながら、自分の立場や論点を明確にして、主張を支える適切な根拠をそろえること。【書くこと　イ】

2 評価規準

知識及び技能	思考力、判断力、表現力等	主体的に学習に取り組む態度
主張とその前提や反証など情報と情報との関係について理解を深めること。【情報の扱い方に関する事項　ア】	情報の妥当性や信頼性を吟味しながら、自分の立場や論点を明確にして、主張を支える適切な根拠をそろえること。【書くこと　イ】	主張とその前提や反証など情報と情報との関係について理解を深めたり、情報の妥当性や信頼性を吟味しながら、自分の立場や論点を明確にして、主張を支える適切な根拠をそろえようとしたりしている。

3 取り上げる教材・題材

◉「持続可能な開発目標（SDGs）」の「17の目標」（国際連合広報センターHP〈http://www.unic.or.jp/activities/economic_social_development/sustainable_development/2030agenda/〉）

4 学習指導における具体的な評価規準

知識・技能	思考・判断・表現	主体的に学習に取り組む態度
主張とその前提や反証など情報と情報との関係について理解を深めている。	情報の妥当性や信頼性を吟味しながら、自分の立場や論点を明確にして、主張を支える適切な根拠をそろえている。	主張とその前提や反証など情報と情報との関係について理解を深めたり、情報の妥当性や信頼性を吟味しながら、自分の立場や論点を明確にして、主張を支える適切な根拠をそろえようとしたりしている。

〈言語活動例〉エ　設定した題材について多様な資料を集め、調べたことを整理して、様々な観点から自分の意見や考えを論述する活動。

5 単元の指導と評価の展開

次	時	具体の評価規準と評価方法	学習活動
第一次	1		・Webから「国際連合広報センター」等にアクセスし、「持続可能な開発目標(SDGs)」の「17の目標」について調べ、その中から「身近な課題（高校生として取り組むことができる課題)」を一つ選び出す。
第二次	2		・選び出した課題について、 ①身近な場面ではどのような課題となって現れているか。 ②課題発生の原因はどこにあるか。 ③課題を解決するためには、高校生としてどのような行動が求められるか。 ④上記①～③を検証するために、どのようなフィールドワークが必要か、について考える。
	3・4	〈評価規準〉 ・情報の妥当性や信頼性を吟味しながら、自分の立場や論点を明確にして、主張を支える適切な根拠をそろえている。【思考・判断・表現】 [評価方法] ・行動の確認	・フィールドワークの実施 ※図書館等での情報収集を含む。
	5	〈評価規準〉 ・主張とその前提や反証など情報と情報との関係について理解を深めている。【知識・技能】 [評価方法] ・記述の確認	・収集した情報を整理して、 ①SDGsの視点から見た地域の現状(前提) ②課題解決のための手立て（主張と根拠) ③予想される反論とその根拠の提示(反証) ④反論への回答と主張の再掲（主張) の形式に沿って意見文を書く。
第三次	6・7・8	〈評価規準〉 ・主張とその前提や反証など情報と情報との関係について理解を深めたり、情報の妥当性や信頼性を吟味しながら、自分の立場や論点を明確にして、主張を支える適切な根拠をそろえようとしたりしている。【主体的に学習に取り組む態度】 [評価方法] ・記述の分析	・各自の意見文の発表、質疑応答 ・リフレクション 「何ができるようになったか」を言語化する。

6 単元のデザイン

① 科目「論理国語」について

「論理国語」の「1　目標」の(2)には、次のように述べられている。

> 論理的、批判的に考える力を伸ばすとともに、創造的に考える力を養い、他者との関わりの中で伝え合う力を高め、自分の思いや考えを広げたり深めたりすることができるようにする。

この言葉に向き合った時、私たちは、今回の改訂が、これまでの「現代文Ａ」の目標である「我が国の言語文化に対する理解を深め」ることや、「現代文Ｂ」の「近代以降の様々な文章を的確に理解し、適切に表現する能力を高める」とは一線を画しているということに、もっと意識的にならなければならないのだろうと思う。文芸的な価値の高い「文学的文章」を読み解く力から、論理的・批判的・創造的に考える力、そして伝え合う力への転換。これは、誤解を怖れずに言うならば「文学から国語への転換・回帰」を表しているのではないか。「論理国語」は――もちろんそれだけでなく、今回改訂されたすべての科目は――「国語総合」や「現代文Ａ／Ｂ」、「国語表現」の、単純な延長線上にあるものではないという意識は、強く持たなければならないのではないかと思う。

② 授業改善の視点

こうした、「国語への転換・回帰」を、授業改善に結びつけようとした場合、具体的に思いつくことが２点ある。

１点目は、「素材文からの脱出」である。

文芸的価値の高い、今までの教科書で「定番」とされていたさまざまな文章を、全く否定してしまうつもりは毛頭ない。しかし、それだけで満足してよかったのだろうか。優れた思索に触れて感じる身の震えは、濡れ縁で訥々と語られるライフヒストリーに出合った時の感動より、常に優位に立つべきものだったのだろうか。今回の改訂のキーワードの一つである「実社会」をより実感的に捉えるために、「フィールドワークによる１次・２次情報の収集」を、授業改善の手立ての一つとして考えたい。もちろん、そこには情報収集の限界があるので、新聞や図書館、Web上にもある「3次情報」との組み合わせも、欠かすことができないだろう。

２点目は、「評価の充実」である。

授業を資質・能力ベースで組み立てていくためには、「今の段階で何ができるようになったのか、最終的にはどこにたどり着こうとしているのか」を、生徒・授業者双方が確認していくことが必要だと思う。特にオープンエンドの課題に取り組む場合には、あらかじめルーブリックを示しておくことで、形成的評価を実施する際の観点の共有と、最終的な要求到達点について、明確に示すことが可能になる。さらに、「何ができるようになったのか」を言語化するリフレクションの場面も適宜設定して、自己評価と他者評価をすり合わせ、メタ認知を進めることも重要である。

ここで、「主体的・対話的で深い学び(AL)」と授業改善についても触れておきたい。グループの人数や机の配置といった「形態論」は、ALの重要な要素ではあるかもしれないが本質ではないと思う。ALをうまく起動させるためには、それにふさわしい課題や発問、学びの空間づくりを含めた個人の思考とその多様性の保障の実現が求められている。その意味では、単純な知識伝達型の授業から脱出していくためにALが必要である、と言うことはできると思う。

③　単元のデザイン

この単元では、高校生たちが実社会とつながっていくための観点として、国連が示す「持続可能な開発目標(SDGs)」の「17の目標」を取り上げた。これは、ともすれば「他人事」になってしまうグローバルな課題を「自分事」として捉え、高校生自身が行動に移すことの重要性を考えたかったからである。例えば「目標8『働きがいも経済成長も』」や「目標11『住み続けられるまちづくりを』」は、地場産業が衰退し、シャッター街化した商店街を抱える地方都市に住む高校生にとっては身近で切実な問題だろうし、「目標12『つくる責任つかう責任』」は、ゴミの分別や省エネといった、私たち自身の消費活動が環境に与える影響について考える上で欠かせない視点であると思う。こうした諸問題(特に貧困や飢餓など)は、ともすれば発展途上国だけのもののように誤解してしまうのだが、そこから国内の様子を振り返ることが、先に述べた「自分事」として課題を捉えるということである。カリキュラムを編成していく際に、教科横断的な知識の活用ができるような配置を試みることも可能である。ただ、言うまでもないことだが、あくまでも「国語」の授業・指導事項として位置付けることに留意し、個別の事例に関する専門的な知識の習得で満足してはならない。当然、評価規準やルーブリックの設定についても同様に、指導事項に準拠した評価が示されるように留意する。

SDGsについては、国際連合広報センターHPを起点として、Webでたどることができるさまざまな解説が紹介されている。しかし、それらはかなりの量の専門用語が出てくる「実用文」であり、生徒が「身近な課題」を選び取っていくためには、その中のいくつかをピックアップして読み解いていく必要が生じる。これは、情報の精査解釈、妥当性の検証の上でよい素材となるだろう。また、Web上の情報は信頼性の吟味が必要でもあり、その後に取り組むフィールドワークの成果ともあわせて、「情報の妥当性や信頼性を吟味しながら、自分の立場や論点を明確にして、主張を支える適切な根拠をそろえる」ための、有意義な取り組みになると考えている。

7 参考資料

・SDGs「17の目標」

・SDGs「17の目標」（国際連合広報センターHP〈http://www.unic.or.jp/activities/economic_social_development/sustainable_development/2030agenda/〉）

・ユネスコスクール世界大会Student（高校生）フォーラム共同宣言〈http://www.unesco.org/new/fileadmin/MULTIMEDIA/HQ/ED/pdf/esd2014/ASPnet_events_outcome_declaration_JP.pdf〈2014年11月7日採択〉〉

注：持続発展可能な社会を実現するために、「高校生である私たちが現在と未来においてできることとなすべきこと」を、世界32か国の高校生が採択した宣言。SDGs関連の情報より、コンパクトにまとめられている。

（内田浩文）

これからの【「論理国語」書くこと】の授業づくり

「論理国語」(4単位)は選択科目で、「実社会において必要となる、論理的に書いたり批判的に読んだりする力の育成を重視した科目」として新設されている。その中で、【書くこと】の授業時数は、50～60単位時間程度の配当となっている。

この授業プランでは、批判的に読まれることを想定し、立場の異なる読み手を説得するために、多面的・多角的な視点から自分の考えを見直したり、論拠の吟味を重ねたりして、自分の主張を明確にしながら論述する国語の資質・能力を育成することを求めている。

生徒は高等学校卒業後に、実社会で一人の人間として生きていくとき、さまざまな問題と出合い、いかに生きるかを考える。そのようなときに、その問題に向き合い、課題意識をもち、自分の立場や論点を明確にして主張ができるために「論理国語」での「書くこと」の資質・能力を育成しようとしている。このような「書くこと」の資質・能力の育成に、「思考力、判断力、表現力等」が大きく関わることは、いうまでもない。

「思考力、判断力、表現力等」の育成を図るため、授業では具体的に「持続可能な開発目標(SDGs)」の「17の目標」の中から生徒それぞれが課題を選択し、それに関する情報の妥当性や信頼性をさまざまな観点から吟味する。それをもとに前提、主張と根拠、反証、主張の構成で、グローバルな課題を「自分事」として捉え、それを行動にまで高めることを行おうとしている。

このような授業を行うためには、主張とその前提や反証など、情報と情報との関係、情報を階層化して整理する方法、推論の仕方等を具体的に生徒に「知識及び技能」として教えることも重要となる。さらに、それらを具体的に表現し相手に伝わるような文章を書くために、効果的な段落の構造や論の形式等も、必要となる。

「論理国語」における「書くこと」は、単に文章を書くということだけでなく、書くまでに行うプロセスがきわめて重要となる。　(髙木展郎)

複数の文章を読み、情報を関係付けて自分の考えを深める

【「論理国語」読むこと】

1 育成する資質・能力

○設定した題材に関連する複数の文章や資料を基に、必要な情報を関係付けて自分の考えを広げたり深めたりすること。【読むこと　キ】

2 評価規準

知識及び技能	思考力、判断力、表現力等	主体的に学習に取り組む態度
主張とその前提や反証など情報と情報との関係について理解を深めること。【情報の扱い方に関する事項　ア】	設定した題材に関連する複数の文章や資料を基に、必要な情報を関係付けて自分の考えを広げたり深めたりすること。【読むこと　キ】	主張とその前提や反証など情報と情報との関係について理解を深めたり、設定した題材に関連する複数の文章や資料を基に、必要な情報を関係付けて自分の考えを広げたり深めたりしようとしたりしている。

3 取り上げる教材・題材

◉岡　真理「虚ろなまなざし」（『精選現代文Ｂ［改訂版］』2018年　三省堂）
◉三浦英之「飢餓」（布施祐仁・三浦英之編『日報隠蔽』2018年　集英社）
◉森　達也「大事なのは、異論を伝え続けること」（『FAKEな平成史』2017年　角川書店）

4 学習指導における具体的な評価規準

知識・技能	思考・判断・表現	主体的に学習に取り組む態度
主張とその前提や反証など情報と情報との関係について理解を深めている。	設定した題材に関連する複数の文章や資料を基に、必要な情報を関係付けて自分の考えを広げたり深めたりしている。	主張とその前提や反証など情報と情報との関係について理解を深めたり、設定した題材に関連する複数の文章や資料を基に、必要な情報を関係付けて自分の考えを広げたり深めたりしようとしたりしている。

〈言語活動例〉ア　論理的な文章や実用的な文章を読み、その内容や形式について、批評したり討論したりする活動。

5 単元の指導と評価の展開

次	時	具体の評価規準と評価方法	学習活動
第一次	1		○本文「虚ろなまなざし」を通読し、振り返りシートに初発の感想・論の展開・筆者の主張を書く。
第二次	2・3	〈評価規準〉 ・主張とその前提や反証など情報と情報との関係について理解を深めている。【知識・技能】 ［評価方法］ ・行動の確認	○筆者の論点を整理し、その考えを読み取る。 ・発問（第一段落） (1)「少女が、ただの『それ』でしかないこと」とはどのようなことか。 (2)「私たちが『それ』に投影するのが実は恣意的なものにすぎない」とはどのようなことか。 →「それ」が示すものを読み取り、「私たち」が被害者としての自分を投影し同一化することで、加害性への認識を隠蔽する仕組みを理解させる。 ・発問（第二段落） (1)「耐えがたさ」とはどのようなことか。 (2)「『それ』でしかない」とはどういうことか。 (3)「主体の幻影を見ようとする」とはどういうことか。 →「まなざし」をイメージさせるとともに、第一段落とのつながりに気づかせる。 ・発問（総合） (1)「それ」が表すものは何か。 (2) 類似する指摘をまとめる。 (3) 構造をまとめる。 →第一段落では暴力的主体化を、第二段落ではその仕組みを具体的に述べている。

第三次	4・5	〈評価規準〉 ・設定した題材に関連する複数の文章や資料を基に、必要な情報を関係付けて自分の考えを広げたり深めたりしている。【思考・判断・表現】 [評価方法] ・行動の確認	(1) 比較読み資料①「飢餓」を読み、自分の意見を持つ。 (2) 比較読み資料②「大事なのは、異論を伝え続けること」を読み、自分の考えを持つ。 (3) グループで意見交換し合う。 (4) 友達の意見を聞いて考えたことを書く。 (5)「虚ろなまなざし」と関連させて考えたことを書く。
第四次	6・7・8	〈評価規準〉 ・主張とその前提や反証など情報と情報との関係について理解を深めたり、設定した題材に関連する複数の文章や資料を基に、必要な情報を関係付けて自分の考えを広げたり深めたりしようとしたりしている。【主体的に学習に取り組む態度】 [評価方法] ・行動の分析	○学習を通じて考えたことを小論文にまとめ、発表する。 (1) 比較読みの振り返りシートを元に、それぞれの文章を根拠にして、自分の考えをまとめる。 (2) 新たにグループを編成し、意見発表を行う。

6 単元のデザイン

① 授業改善の視点

「虚ろなまなざし」は、貧困という世界の問題についての情報(主に写真)を、受け手が非当事者として受け止めることの問題を指摘している。多くの情報を取捨選択していくことが求められるこれからの社会において、メディア・リテラシーはますます重要になっている。そこでこの授業では、同じ南スーダンで送り手として取材をした新聞記者の文章と、受け手の立場について解説した文章を比較して読み、情報がいかに切り取られて発信されるかを理解させるとともに、自分自身はどのように受け止めるかという受け手の問題を合わせて考えさせたい。

② 送り手の立場から／受け手の立場から

三浦英之「飢餓」は、実際に南スーダンに駐在した現地の模様を伝えている。

南スーダンが貧困国ではないという側面、南スーダンにおける貧富の格差の現状、そしてフラフープで遊ぶ子どもたちの様子は、「南スーダン＝貧困国」というイメージを相対化する情報である。

森達也「大事なのは、異論を伝え続けること」は、マスメディアが情報を切り取っているという状況を伝えている。「虚ろなまなざし」でも触れられているとおり、「ハゲワシと少女」の写真をとったフォト・ジャーナリストは、世論によって激しく糾弾された。それが自殺の一因とも言われているが、この状況はマスメディアの、あるいは受け手の加害性そのものである。まさに森達也の指摘するような善か悪かの二極化による思考停止が行動となって露呈されたものだといえる。ここから学ぶべきことは、メディアは何を伝えようとしているのか、切り取られたフレームを読むことの大切さである。

③　比較読みを通して、考えをまとめる

情報は切り取られた形で発信され、受け取り方も個人によって異なる。このことを深く理解させるために、「虚ろなまなざし」のような情報はなぜ発信されているのかと投げかけたい。その理由に思いをはせると、自分の代わりにそこに行って発信してくれる人の存在に気づくだろう。そして、その情報に対して自分はどう受け止めるのか、自らの思考を深めさせたい。

三浦英之は出典である『日報隠蔽』の「あとがき」で、「すべてのジャーナリストはいかに『個』として物事を捉え、成果を発信できるかといったことが強く問われている」と述べている。受け手もまた、どのような国家、地域に暮らしていようと、その視点は「個」であるべきだ。ただし、「個」は「孤立」してはならない。そのために、思ったことを自由に言い、その意見を尊重できる場が必要である。本授業が比較読みを通して自分の考えをまとめ、発表することには、対話を引き起こす場づくりとしての意図がある。

（早川香世）

これからの【「論理国語」読むこと】の授業づくり

「論理国語」（4単位）は選択科目で、「実社会において必要となる、論理的に書いたり批判的に読んだりする力の育成を重視した科目」として新設されている。その中で、【読むこと】の授業時数は、80～90単位時間程度の配当となっている。

今まで、高校の国語授業として多く行われているものは、教材文の内容の読み取りを主としている。しかし、新学習指導要領における「論理国語」の授業では、これまで国語の授業で多く行われてきている教材文の読解や解釈を中心にした授業を求めていない。論理国語の授業が求めるものは、論理的な文章や実用的な文章を読んで、結論を導く論拠を批判的に検討したり、内容や解釈を多様な論点や異なる価値観と結びつけて、新たな観点から自分の考えを深めたりする学習を行うことである。

この授業プランでは、複数の教材を単に読み比べをするのではなく、それぞれの論理的な文章を読んで、筆者独自のものの見方や考え方、論の展開、主張とその前提や反証などの情報と情報との関係、情報を階層化して整理する方法や推論の仕方を学ばせることを求めている。

そのためには、言語活動例にも示されているように、「ア　論理的な文章や実用的な文章を読み，その内容や形式について，批評したり討論したりする活動。」をとおして、読み手自身が、自分なりの考えや意見をもつことが、「論理国語」としての資質・能力の育成として重要となる。

ただし、言語活動は、単にグループになって話し合ったり、対話としてのペア学習をしたりといった型を求めることではない。一人一人の生徒が論理的な文章を読むことで、まず「主体」としての自己の読みを形成したのち、学級の友達との対話や作者との対話、さらに他者との相対化を図る。そのうえで、自己との対話をとおし、それまでの自分の読みを再構成して吟味し、意味づけること（リフレクション）により、自己の読みを再確認することになり、論理的な読みとしての国語の資質・能力の育成につながる。

（髙木展郎）

文章の構成や展開、表現の仕方を吟味し、文章を書く

【「文学国語」書くこと】

1 育成する資質・能力

○文章の構成や展開、表現の仕方などについて、伝えたいことや感じてもらいたいことが伝わるように書かれているかなどを吟味して、文章全体を整えたり、読み手からの助言などを踏まえて、自分の文章の特長や課題を捉え直したりすること。【書くこと　エ】

2 評価規準

知識及び技能	思考力、判断力、表現力等	主体的に学習に取り組む態度
文学的な文章やそれに関する文章の種類や特徴などについて理解を深めること。【言葉の特徴や使い方に関する事項　ウ】	文章の構成や展開、表現の仕方などについて、伝えたいことや感じてもらいたいことが伝わるように書かれているかなどを吟味して、文章全体を整えたり、読み手からの助言などを踏まえて、自分の文章の特長や課題を捉え直したりすること。【書くこと　エ】	文学的な文章やそれに関する文章の種類や特徴などについて理解を深めたり、文章の構成や展開、表現の仕方などについて、伝えたいことや感じてもらいたいことが伝わるように書かれているかなどを吟味して、文章全体を整えたり、読み手からの助言などを踏まえて、自分の文章の特長や課題を捉え直したりしようとしたりしている。

3 取り上げる教材・題材

◉森鷗外「舞姫」（『精選現代文Ｂ［改訂版］』2018年　三省堂）
◉井上靖訳『現代語訳　舞姫』（2006年　ちくま文庫）

4 学習指導における具体的な評価規準

知識・技能	思考・判断・表現	主体的に学習に取り組む態度
文学的な文章の種類や特徴などについて理解を深めている。	文章の構成や展開、表現の仕方などについて、伝えたいことや感じてもらいたいことが伝わるように書かれているかなどを吟味して、文章全体を整えたり、読み手からの助言などを踏まえて、自分の文章の特長や課題を捉え直したりしている。	文学的な文章の種類や特徴などについて理解を深めたり、文章の構成や展開、表現の仕方などについて、伝えたいことや感じてもらいたいことが伝わるように書かれているかなどを吟味して、文章全体を整えたり、読み手からの助言などを踏まえて、自分の文章の特長や課題を捉え直したりしようとしたりしている。

〈言語活動例〉イ　登場人物の心情や情景の描写を、文体や表現の技法等に注意して書き換え、その際に工夫したことなどを話し合ったり、文章にまとめたりする活動。

5 単元の指導と評価の展開

次	時	具体の評価規準と評価方法	学習活動
第一次	1・2・3	〈評価規準〉 ・文学的な文章の種類や特徴などについて理解を深めている。【知識・技能】 [評価方法] ・行動の観察	○「舞姫」の内容を理解するために事前の課題として井上靖による『現代語訳　舞姫』を読む。 ○森鷗外「舞姫」を読み、作品独特の文体を表現として味わう。 ○生徒の読みを深めるために、揺さぶりをもたらす「問い」で精読する。
第二次	4・5・6	〈評価規準〉 ・文章の構成や展開、表現の仕方などについて、伝えたいことや感じてもらいたいことが伝わるように書かれているかなどを吟味して、文章全体を整えたり、読み手からの助言などを踏まえて、自分の文章の特長や課題を捉え直したりしている。【思考・判断・表現】 [評価方法] ・記述の確認	○「探究マップ」で解釈を整理し、自分の考えをもつ。 ○「探究マップ」をもとに１人ずつ伝えたいことや感じてもらいたいことが伝わるよう自分なりの解釈を文章にまとめる。 ○「探究マップ」をもとに１人ずつ解釈を口頭で発表する。

第三次	7・8	〈評価規準〉 ・文学的な文章の種類や特徴などについて理解を深めたり、文章の構成や展開、表現の仕方などについて、伝えたいことや感じてもらいたいことが伝わるように書かれているかなどを吟味して、文章全体を整えたり、読み手からの助言などを踏まえて、自分の文章の特長や課題を捉え直したりしようとしたりしている。【主体的に学習に取り組む態度】 ［評価方法］ ・記述の分析	○自分の書いた文章を、クラスの他の人に読んでもらい、自分の文章の特長や課題を捉え直し、文章を書き換える。

6 単元のデザイン

① 学習課題の4タイプ

授業はさまざまな「問い」で成り立っているが、大きく捉えると下表のような4つの種類に分けることができる 。

GOAL / START	正解の定まっている課題	正解の定まっていない課題
教員が設定した課題	Ⅰ	Ⅲ
生徒が設定した課題	Ⅱ	Ⅳ

【表1】学習課題の4タイプ

Ⅰは教科書脚問レベルの一問一答、Ⅱは素朴な疑問に基づいた調べ学習、Ⅲは作品の解釈にも関わる本質的な「問い」、Ⅳは探究学習の課題としての「問い」である。

今回の授業プランでは、4つの学習課題のすべてを網羅した授業を構想した。生徒は、課題図書として現代語訳の『舞姫』を読み（タイプⅠ）、出来事を時系列に整理し（タイプⅡ）、教員が設定した揺さぶりをもたらす「問い」で作品を精読し（タイプⅢ）、最終的には自身の手で解釈に関わる「問い」を立ち上げる（タイプⅣ）。

これらはちょうど、新学習指導要領における学力の3要素「知識及び技能」（上記Ⅰ）、「思考力、判断力、表現力等」（同Ⅱ～Ⅲ）、「主体的に学習に取り組む態度」（Ⅳ）にも対応していると考えることができる。

② 揺さぶりをもたらす「問い」

上記ⅡとⅢの領域を横断的につなぐため、今回は以下の９つの「問い」を用意した。

Q1.「余」は、いつ・どこで・なぜこの〈手記〉を書こうとしているのか？

Q2.「あだなる美観に心をば動かさじの誓ひ」には「余」のどのような思いが込められているか。

Q3.「奥深く潜みたりしまことの我は、やうやう表に現れて、昨日までの我ならぬ我を攻むるに似たり。」とあるが、「まことの我」「我ならぬ我」とは、それぞれどういうことか。

Q4.「少女」はなぜ泣いていたのか。「余」はどのような援助を申し出たか。

Q5.「少女」の姿は「余」の目にどのように映ったか。

Q6.「母の死」は「余」にとってどのような意味をもつか。

Q7.「我が学問は荒みぬ。」と、なぜ２回繰り返されているのか。

Q8. 相沢謙吉は「余」と「かの少女との関係」についてどのような助言を与えたか。

Q9.「魯国行き」の間、「余」と「エリス」はそれぞれ何を思っていたか。

③ 生徒の実践記録

⑴「探究マップ」を用いて、「問い」を立ち上げ、論証を組み上げる
（「探究マップ」については本書 p.32 参照）

⑵「探究マップ」に基づいた個人の発表原稿例（原文ママ。ただし中略あり）

私の班は豊太郎の「人しれぬ恨み、彼を憎む心とは何なのか」について考察しました。それに向けて２つの問いを打ち立て、答えを模索していきます。まず私たちが考えたのは「まことの我とは何か」についてです。豊太郎は「幼き頃より厳しき庭の教え」によって、所動的で、器械的な人間に育っていきます。（中略）ところが豊太郎は「大学の自由な気風」によって自主性が芽生え始め、その時に美しい少女エリスに出会います。母の死や免官の知らせ、言い換えると支配からの解放の瞬間に立ち会うのもエリスです。このことから「舞姫」の中でエリスの存在は豊太郎の「まことの我」の象徴であり、そのエリスが象徴する「まことの我」とは支配から解放され生まれた、豊太郎の自主性や心、１人の人間としての意志であると考えました。（中略）豊太郎はこの事を手記では「この恩人（相沢）は彼（エリス）を精神的に殺ししなり。」と記しています。先ほど述べたように、

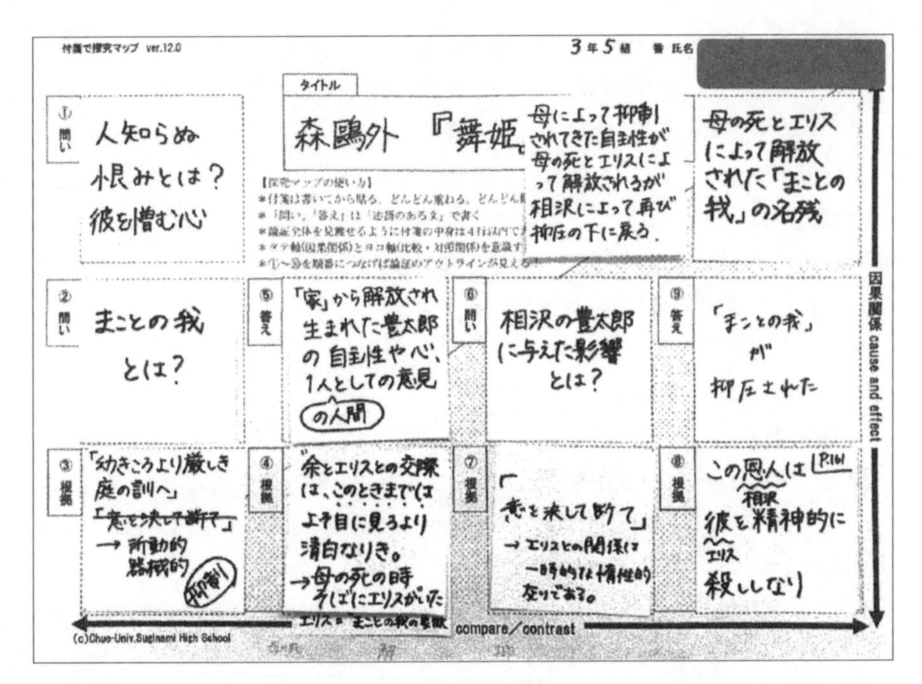

豊太郎にとってエリスは「まことの我」の象徴的存在まで昇華しています。そのエリスの精神を殺すということは、豊太郎の「まことの我」を殺すことと同意です。すなわち、相沢謙吉は、豊太郎が免官された後に登場し、豊太郎を再び抑圧の下に戻したと言えます。言い換えると豊太郎の母が担っていた役割を母親の死後、引き継いだとも言うことができます。以上のことから私達は、「人知らぬ恨み」「彼を憎む心」は、母の死やエリスとの出会い、日本とは違う性質の環境によって解放され、その後に再び抑圧の下に戻された「まことの我」の名残である、と結論を出しました。「舞姫」は、この名残を日本に戻るまでに消化しようと豊太郎が書き留めた手記という形式をとっています。そのためこの物語は、豊太郎の中で生まれた「2人の自分」の生まれた状況を整理し、エリスの精神を殺してしまった直接的な原因である相沢に対して「憎む心」を抱くが、それに反して自分のために尽力してくれた相沢に感謝するという、豊太郎の感情の矛盾を描いた物語であると言えます。（原文は約1,300字）

⑶授業後のふりかえり　※(　)内は筆者補注

○「問い」を考える活動や年表をつくることを通して自分の中で情報が整理され、

現代語訳がなくても内容がわかるようになった。（知識及び技能）

○1つ1つの細かい描写の解釈が違うことで『舞姫』という物語の読み方が変わってくることに気づいた。同じ作品でも解釈のしかたがこんなにも違いがあるとは思っていなかった。（思考力、判断力、表現力等）

○『舞姫』は、豊太郎がドイツでエリスに出会って、様々なことが起こる中で、自分とは何かについて考えて成長する物語なのだと思った。物語を、表面上だけではなく奥深く読み取って先のことを推測していく力がついたと思う。（主体的に学習に取り組む態度）

7 参考資料

・齋藤　祐「『探究マップ』で論証を組み立てる―俯瞰とメタ認知でAI時代を乗り越えよ―」（2018年　ChuoOnline〈http://www.yomiuri.co.jp/adv/chuo/education/20180123.html〉）

注：「学習課題の４タイプ」は、宅間紘一『学校図書館を活用する学び方の指導―課題設定から発表まで』（2002年　全国学校図書館協議会）で紹介されているものを一部改変して掲載した。

（齋藤　祐）

これからの【「文学国語」書くこと】の授業づくり

「文学国語」(4単位)は選択科目で、「深く共感したり豊かに想像したりして、書いたり読んだりする力の育成を重視した科目」として新設されている。その中で、【書くこと】の授業時数は、30～40単位時間程度の配当となっている。

この授業プランでは、『舞姫』を教材としている。『舞姫』は、現代の生徒が読むには文章そのものが難しく、内容を理解しようとする前に、文語文に対しての抵抗感をもつことが予想される。しかし、本単元では、『舞姫』を読んで深く共感したり豊かに想像したりすることで、「書くこと」の資質・能力の育成を図ることを目標としている。さらに、自分の書いた『舞姫』の評論文を、学級の中の他者と読み比べを行うことをとおし、伝えたいことや感じてもらいたいことが伝わるように書くことを求めている。

これまでの文学の授業は、ともすると読解を中心に考えられる傾向にあった。それは、正しい読みや一般的な解釈を前提としての読みになりかねない。しかし、読むことは、一人一人の生徒のコンテクストをもとに、自分なりの読みを形成することにあり、その読みが誤読とならないために、どのように読むかを学ぶことこそ、高校の国語授業に求められている。

これまで文学の授業が担ってきた作品論や作家論、さらには読者論を含め、一人の読み手として文学を読むだけではなく、教室の他者と同じ文学を対象として、多義的・多面的な読みを形成することも、教室の読みとして重要である。そのためには、一人一人の読み手が、文学をいかに読んだかを表出することが大切となる。

本授業では、『舞姫』を読んで、その読みを評論文として書くことをとおし、生徒間の読みの交流を図ることが行われている。そこでは、作品の内容の読みを表現することと合わせ、作品に表現されている情景の豊かさや心情の機微を表す語句の理解や把握、それにともなう語彙指導が行われている。このことも「文学国語」の授業の大事なポイントとなっている。

(髙木展郎)

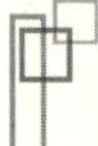

作品の内容や形式についての解釈を通し、読みを深める

【「文学国語」読むこと】

1 育成する資質・能力

○作品に表れているものの見方、感じ方、考え方を捉えるとともに、作品が成立した背景や他の作品などとの関係を踏まえ、作品の解釈を深めること。【読むこと　オ】

2 評価規準

知識及び技能	思考力、判断力、表現力等	主体的に学習に取り組む態度
文学的な文章やそれに関する文章の種類や特徴などについて理解を深めること。【言葉の特徴や使い方に関する事項　ウ】	作品に表れているものの見方、感じ方、考え方を捉えるとともに、作品が成立した背景や他の作品などとの関係を踏まえ、作品の解釈を深めること。【読むこと　オ】	文学的な文章やそれに関する文章の種類や特徴などについて理解を深めたり、作品に表れているものの見方、感じ方、考え方を捉えるとともに、作品が成立した背景や他の作品などとの関係を踏まえ、作品の解釈を深めようとしたりしている。

3 取り上げる教材・題材

◉中島敦「山月記」(『精選現代文Ｂ［改訂版］』2018 年　三省堂)

4 学習指導における具体的な評価規準

知識・技能	思考・判断・表現	主体的に学習に取り組む態度
文学的な文章やそれに関する文章の種類や特徴などについて理解を深めている。	作品に表れているものの見方、感じ方、考え方を捉えるとともに、作品が成立した背景や他の作品などとの関係を踏まえ、作品の解釈を深めている。	文学的な文章やそれに関する文章の種類や特徴などについて理解を深めたり、作品に表れているものの見方、感じ方、考え方を捉えるとともに、作品が成立した背景や他の作品などとの関係を踏まえ、作品の解釈を深めようとしたりしている。

〈言語活動例〉ア　作品の内容や形式について、書評を書いたり、自分の解釈や見解を基に議論したりする活動。

5 単元の指導と評価の展開

次	時	具体の評価規準と評価方法	学習活動
第一次	1・2・3・4	〈評価規準〉 ・作品に表れているものの見方、感じ方、考え方を捉えるとともに、作品が成立した背景や他の作品などとの関係を踏まえ、作品の解釈を深めている。【思考・判断・表現】 [評価方法] ・行動の分析	○李徴の葛藤を、文章の展開を整理して読み取る。 【発問】（第一段落・第二段落） (1) 李徴の性格がわかるところ。 (2) 官を退いた理由とその後についてわかるところ。 (3) 再び仕事を得た理由とその後についてわかるところ。 →虎になるまでの経緯を読み取らせる。特に人との関わり方について押さえておくと、「人虎伝」との比較の際に違いが際立つ。 (4)「ややあって」からわかる李徴の心情。 →恥ずかしさと懐かしさという李徴の葛藤を読み取らせる。 【発問】（第三段落・第四段落） (1) 李徴の「恐れ」とはどのようなものか。「さだめ」「人間」「幸せ」の三つについて整理する。 →運命を受け入れがたく思う李徴の葛藤を読み取らせる。

第一次	1・2・3・4		⑵ 詩の伝録の前後の李徴の心情がわかるところ。 →李徴の願いと、それに対する自嘲という二つの側面を読み取り、第五段落の「臆病な自尊心」と「尊大な羞恥心」の理解につなげさせる。 【発問】（第五段落） ⑴「臆病な自尊心」「尊大な羞恥心」を言い換えている表現を探す。 →相反する性情が組み合わさっていることを読み取らせる。 ⑵「おれの空費された過去は」とはどういうことか。 →李徴がこれまでの自分に対して後悔の念を持っていることを読み取らせる。 【発問】（第六段落） ⑴ 妻子に対する李徴の頼み。 ⑵ 李徴はなぜ姿を見せたのか。 →李徴の性情を踏まえて読み取らせる。 ⑶ 月についての表現と李徴の関係。 →月が異世界の設定に寄与していること、また遠く手の届かないもののメタファーであるといった、表現上の効果を理解させる。
第二次	5・6	〈評価規準〉 ・文学的な文章やそれに関する文章の種類や特徴などについて理解を深めている。【知識・技能】 ［評価方法］ ・行動の観察	○「人虎伝」「文字禍」と比較して読み、李徴の人物像を中心に「山月記」を解釈する。 【発問】（「人虎伝」との比較） ⑴ 虎になる前。 ⑵ 虎になった理由。 ⑶ はじめに袁傪に頼んだこと。 【発問】（「文字禍」との比較） ⑴ 博士が文字を見続けたところどのように認識するようになったか。 →文字自体、ひいては物自体と意味とが分離するように感じられた。 ⑵ 文字が人々に影響を及ぼす害を、博士はどのように捉えたか。 →頭脳が働かなくなり、精神が麻痺する。

第二次	5・6		(3) 博士は最後にどうなったか。 →文字の霊の存在の害について報告書を出したところ、文字の霊の怒りを買い、図書館で本の下敷きになる。
第三次	7・8	〈評価規準〉 ・文学的な文章やそれに関する文章の種類や特徴などについて理解を深めたり、作品に表れているものの見方、感じ方、考え方を捉えるとともに、作品が成立した背景や他の作品などとの関係を踏まえ、作品の解釈を深めようとしたりしている。【主体的に学習に取り組む態度】 ［評価方法］ ・行動の分析	○「人虎伝」、「文字禍」との比較を通し、「山月記」の解釈を深め、書評を書き交流する。

6 単元のデザイン

① 授業改善の観点

これまでにも「山月記」と「人虎伝」を比較する学習活動は行われてきた。比較により、李徴の詩人としての挫折と、虎になってしまうような李徴の性情が前景化される。では、なぜ李徴は詩人になりたかったのか。中島敦の人生と重ねて捉えることもできるが、より深い学びを獲得させるために、「文字禍」とも比べて解釈させたい。

② 「人虎伝」との比較

「人虎伝」と「山月記」では複数の異同がある。「人虎伝」では、①困窮した李徴が地方を訪れ、名声のために餞別をもらう。その途中で病にかかり、供の下男に暴力を振るった。②虎になってしまったのは、李徴が人妻と通じ、その夫に命を狙われたため、一家を放火したという罪を犯したためであった。③袁傪に会ったとき、まず妻子のことを頼んだ。このような違いを押さえたい。「山月記」ではこれらが李徴の「臆病な自尊心」と「尊大な羞恥心」という性情に起因している。

③ 『古譚』の中の「山月記」

「山月記」は『古譚』の中の一編として発表された。

「山月記」以外の作品をみると、「文字禍」は本によって人々が堕落し、その原因となる文字の霊について調べていた博士が、文字の霊の恐ろしさを進言した結果、本の下敷きになって死ぬ話。「狐憑」は、死んだ弟が乗り移ったかのように物語をして仕事をしなくなった者が、最後には殺されて食われる話。「木乃伊」はペルシャ軍の男がエジプトの墓所にさまよい込んでミイラを発見し、かつて自分はこのミイラだったと思い込み、翌朝発見されたとき、それまで話したこともないエジプト語でうわ言を言う話。このように、全て共通するのは言葉に人生をとらわれたという点で共通している。このなかに「山月記」も位置付けられていると捉えれば、李徴もまた、言葉にとらわれた人物であったことが明確になる。

④ 「文字禍」との比較

詩人も官吏も言葉を扱う仕事である。ただし官吏は言葉を用いて記録を残す仕事なのに対し、詩人は言葉によって新たな世界を作り出す。いわば出来事に対してその起源となるか、それを名もなき一人として記録するかという違いがある。詩家になることにこだわった李徴は、自分自身の世界をつくろうとした。しかし「何か欠けるものがあった」ように、その詩は評価されなかった。さらに人と交わりを断ち、自ら言葉を手放していった。ゆえに言葉の世界の外に追いやられた＝虎になったと解釈できる。

7 参考資料

・中島敦「文字禍」(『中島敦全集　第１巻』1976年　筑摩書房)

（早川香世）

これからの【「文学国語」読むこと】の授業づくり

「文学国語」(4単位)は選択科目で、「深く共感したり豊かに想像したりして、書いたり読んだりする力の育成を重視した科目」として新設されている。その中で、【読むこと】の授業時数は、100〜110単位時間程度の配当となっている。

この授業プランでは、「山月記」を教材として、「読むこと」の授業を行っている。「山月記」は、いわゆる定番教材であり、その実践例も数多く発表されている。高校の国語授業で、「山月記」は欠くことのできない教材となっている。それは「山月記」が文体の特徴や効果について考察したり、作品の内容や形式、構成について評価して、自分の解釈や見解を基に議論したりする学習を行うことが可能な教材だからでもある。

「山月記」を読むに際し、これまでにも「人虎伝」と比較して読む授業実践は、多く行われてきた。本授業では、「人虎伝」との比較とともに中島敦の「文字禍」とも比べ、その解釈をとおし「山月記」の理解を深めることをねらいとしている。

本授業では、「人虎伝」と比較するだけではなく、それに加え「文字禍」を読むことにより、人を対象化し、人が何を思い、何を考えて生きるのかを考察する。文学作品に共通する、人生を言葉にとらわれ、その中での生きるということをテーマとしたこの三つの作品を、生徒一人一人の読みをとおして生徒が交流する中で、主とする読みの対象である「山月記」の文学作品としての意味を考えさせる授業構想が図られている。

生徒一人一人の読みを深めるために、本授業では書評を書かせている。それは、書くこととして資質・能力を育成するためではなく、書くことによって、自分自身の読みの内容を整理するとともに自覚し、他者への発信をとおして、自己の読みを再構成するために行うものである。このことにより、「文学国語」での「読むこと」の資質・能力の育成を図ろうとしている。

(髙木展郎)

相手の同意や共感が得られるように表現する

【「国語表現」話すこと・聞くこと】

1 育成する資質・能力

○相手の反応に応じて言葉を選んだり、場の状況に応じて資料や機器を効果的に用いたりするなど、相手の同意や共感が得られるように表現を工夫すること。【話すこと・聞くこと　エ】

2 評価規準

知識及び技能	思考力、判断力、表現力等	主体的に学習に取り組む態度
話し言葉と書き言葉の特徴や役割、表現の特色について理解を深め、伝え合う目的や場面、相手、手段に応じた適切な表現や言葉遣いを理解し、使い分けること。【言葉の特徴や使い方に関する事項　イ】	相手の反応に応じて言葉を選んだり、場の状況に応じて資料や機器を効果的に用いたりするなど、相手の同意や共感が得られるように表現を工夫すること。【話すこと・聞くこと　エ】	話し言葉と書き言葉の特徴や役割、表現の特色について理解を深め、伝え合う目的や場面、相手、手段に応じた適切な表現や言葉遣いを理解し、使い分けたり、相手の反応に応じて言葉を選んだり、場の状況に応じて資料や機器を効果的に用いたりするなど、相手の同意や共感が得られるように表現を工夫しようとしたりすること。

3 取り上げる教材・題材

◉2020年東京オリンピック招致活動の最終プレゼンテーションの原稿及び映像

- 佐藤真海選手（パラリンピアン）のスピーチ及びスピーチ原稿
- 竹田恒和氏（招致委員会理事長）のスピーチ及びスピーチ原稿
- 滝川クリステル氏（招致“Cool Tokyo”アンバサダー）のスピーチ及びスピーチ原稿

4 学習指導における具体的な評価規準

知識・技能	思考・判断・表現	主体的に学習に取り組む態度
・国際社会で背景の異なる人物に対して、目的を達成するために必要な表現を理解	・自分の思いや考えが伝わるよう、具体例や体験談を効果的に配置し、話の構成や内容を工夫している。	目的を達成するために必要な表現を理解し、自分の立場から思いや考えを多彩に表現するために、必要な語彙や語句

している。 ・高校生の立場から、自分の思いや考えを多彩に表現するために必要な語彙や語句を使っている。	・相手や場の状況に応じて言葉や資料を選択し、相手の同意や共感を得られるように表現を工夫している。	を使ったり、話の構成や内容を工夫し状況に応じて言葉や資料を選択し相手の同意や共感を得られるように表現を工夫しようとしたりしている。

〈言語活動例〉オ　設定した題材について調べたことを、図表や画像なども用いながら発表資料にまとめ、聴衆に対して説明する活動。

5 単元の指導と評価の展開

次	時	具体の評価規準と評価方法	学習活動
第一次	1	〈評価規準〉 ・国際社会で背景の異なる人物に対して、目的を達成するために必要な表現を理解している。【知識・技能】 ・高校生の立場から、自分の思いや考えを多彩に表現するために必要な語彙や語句を使っている。【知識・技能】 [評価方法] ・記述の確認	○スピーチ原稿の分析＊個人→グループ→全体 1. 相手の同意や共感が得られる表現とは何かを分析する。 (1) 佐藤真海選手、竹田恆和氏、滝川クリステル氏のスピーチについて、対象と目的を確認する。 (2) 三者が、どのような立場でスピーチをしているか、分析する。 (3) 三者のスピーチの構成を分析する。 (4) 内容を分析する。 ・どのような具体例を、どういう順番で挙げているか、またはその挙げ方（ナンバーリングなど） (5) 三者のスピーチに使われている表現の中で、印象が強い言葉を挙げ、その根拠を示す。 2. 相手の同意や共感が得られる表現とは何か、自己の考えを三者のスピーチ原稿の表現を根拠に示す。（200字で記述）
	2	〈評価規準〉 ・目的を達成するために必要な表現を理解し、自分の立場から思いや考えを多彩に表現するために、必要な語彙や語句を使ったり、話の構成や内容を工夫し状況に応じて言葉や資料を選択し相手の同意や共感を得られるように表現を工	○スピーチの分析＊グループ 以下の項目について、分析する。 (1) 音声について ①話す速度（実測してみる） ②声の大きさ、抑揚、強弱 (2) 表情について ①顔の表情、目線 ②手のしぐさ、身振り ③姿勢

第一次	2	夫しようとしたりしている。【主体的に学習に取り組む態度】 ［評価方法］ ・記述の確認	(3) その他 ・話者の男女の違いで、何か特徴があるか。受ける印象に違いがあるか。 ・日常生活に活用できる点があるか。
第二次	3		○スピーチ原稿を考える＊グループ 高校生の立場で、2020年オリンピック招致活動のスピーチをする。 (1) 相手の同意や共感が得られる表現とはどういうものか、具体的に設定し表現している。 (2) 構成と具体例や体験談を設定する。 (3) スピーチ原稿を書く。(800字)
第三次	4	〈評価規準〉 ・自分の思いや考えが伝わるよう、具体例や体験談を効果的に配置し、話の構成や内容を工夫している。【思考・判断・表現】 ・相手や場の状況に応じて言葉や資料を選択し、相手の同意や共感を得られるように表現を工夫している。【思考・判断・表現】 ［評価方法］ ・記述の確認	○スピーチをする＊グループ (1) 第3時の活動をもとにグループごとに評価規準を考える。 (2) 発表グループが作成した評価規準表をもとに、聞き手に評価してもらう。

6 単元のデザイン

① 単元設定の理由

選択科目である「国語表現」の「話すこと・聞くこと」は、必履修科目「現代の国語」の「話すこと・聞くこと」の資質・能力の育成の上に成り立っている。

話題を実社会に求めることは共通であるが、「国語表現」では、「他者との多様な交流を想定」しており、その中で「自分の思いや考えを多彩に表現するために必要な語句」の獲得や「相手の同意や共感が得られる」「相手の思いや考えを引き出す」表現の工夫が求められている。それを受けて、言語活動は、「聴衆」「他者」「異なる世代」「初対面の人」を対象とした「スピーチ」「インタビュー」「紹介」「依頼」といったことが想定されている。

このような相違を踏まえて、2020年東京オリンピック招致活動の最終プレゼンテーションを題材とし、「相手の同意や共感が得られる表現の工夫」について考えることを単元の中心の言語活動に設定した。その過程の中で、「自分の思いや考えを多彩に表現するために必要な語句」の獲得もねらいとしている。

② 相手の同意や共感が得られる表現とは

題材にした三者のスピーチ原稿のうち、授業者としては次の優れた表現を学習者たちが吟味し、多彩な語彙や語句を獲得し、自己の表現に役立てることを意図している。

○佐藤真海選手

私にとって大切なのは……私が持っているものであって、私が失ったものではないということを学びました。

○竹田恆和氏

・「第一に、オリンピック・ムーブメントの成功を、財政的にもスポーツ的に一番継続させることができるのはどの都市なのか。」に続く呼びかけの表現。

・「Delivery：なぜなら東京は、万全な大会開催、そしてそれ以上を提供します。」に続く理由付けの表現。

○滝川クリステル氏

「おもてなし」というフレーズ。

③ 学習者が作る評価規準表について

考えるヒントとして、文化審議会国語分科会より出されている「言語コミュニケーションに必要な4要素20観点」のうち、「分かりやすさ」の項目（⑦参考資料）を学習支援として提示したい。その中でも、相手の同意や共感が得られる表現を考える際に、観点の例④の具体的事項の例「話題の前提となる文脈や情報の共有に努め、相互理解のための土台作りをしている」などが評価規準の観点を設定する際に有効だと考える。

④ 他教科との連携について

スピーチ原稿の内容を考えたり作成したりするにあたり、題材についての知識やスピーチの内容、話すことについての技能等における他教科との関連性を以下のように考えた。学習者が、この単元で学んだことを他教科の活動においても発揮できたり、他教科で学んだことをこの単元で生かしたりできるようにしたい。

国語	他教科
【知識及び技能】 オリンピック全搬についての知識の共有。	【保健体育】第１体育 ２内容 Ｈ体育理論(1)ア(イ) 現代のスポーツは、オリンピックやパラリンピック等の国際大会を通して、国際親善や世界平和に大きな役割を果たし、共生社会の実現にも寄与していること。
【思考力、判断力、表現力等】 フレーズや共感を得る表現を考える際への活用。	【公民】第２倫理 ２内容 Ａ(2) イ(ア) 古来の日本人の考え方や日本の先哲の考え方を手掛かりとして、国際社会に主体的に生きる日本人としての在り方生き方について多面的・多角的に考察し、表現すること。
【主体的に学習に取り組む態度】 日本語と英語の言語の特質や違いを理解し、表現一般に役立てる。例えば、日本語のスピーチ原稿を英語に書き換えるとしたらどのような違いがあるかなどを考察する。	【外国語】第４論理・表現Ⅰ　２内容 (2) イ 日常的な話題や社会的な話題について、伝える内容を整理し、英語で話したり書いたりして、要点や意図などを明確にしながら、情報や自分自身の考えなどを伝え合うこと。

7 参考資料

・「分かりやすさ」に留意する上での主な観点等の例（抜粋）

観点の例	具体的事項の例
①相手が理解できる言葉を互いに使っているか	仲間内や専門家同士で伝え合うとき以外では、一般にも通用する言葉を使っている。
	なじみの薄い片仮名語や漢語などは言い換え、そのまま使う必要がある場合には説明を加えている。
	具体例や比喩を用いるなど、説明の仕方を工夫している。
④互いの知識や理解力を知ろうとしているか	質問や相づちなどによって、知識や関心、理解の程度などを互いに推し測っている。
	話題の前提となる文脈や情報の共有に努め、相互理解のための土台作りをしている。
	伝え合いの状況を第三者的な立場からも観察し、目的へと導くよう調整している。

文化審議会国語分科会『分かり合うための言語コミュニケーション（報告）』（2018年３月２日）

（小川一美）

これからの【「国語表現」話すこと・聞くこと】の授業づくり

「国語表現」(4単位)は選択科目で、「実社会において必要となる、他者との多様な関わりの中で伝え合う力の育成を重視した科目」として新設されている。その中で、【話すこと・聞くこと】の授業時数は、40〜50単位時間程度の配当となっている。

この授業プランでは、相手の同意や共感が得られるような「話すこと・聞くこと」の表現を行うことをねらいとしている。そのために、評価規準として「相手の反応に応じて言葉を選んだり、場の状況に応じて資料や機器を効果的に用いたりするなど、相手の同意や共感が得られるように表現を工夫すること。」をあげている。

「話すこと・聞くこと」は、共通必履修科目の「現代の国語」で20〜30単位時間程度行うが、それ以外の高校国語の各科目の中で「話すこと・聞くこと」の領域が設けられているのは「国語表現」だけであり、高校国語の授業にとって重要な位置づけであることを確認したい。

教材には、スピーチ原稿を用いている。スピーチは、他者意識が重要であり、その内容を相手が理解するだけでなく、同意や共感が得られるように表現を工夫することが求められる。そのため、授業では、自分の書いたスピーチ原稿を自分で推敲するだけではなく、教室の他者とともに原稿の読み合いを行うことで、他者意識を向上させることも求めている。

さらに、文字言語としてのスピーチ原稿が書けたあと、それを実際に話すことで、スピーチを音声として表出する技術や、音声をより豊かに伝えるための表情やしぐさ等も学習することが求められる。それらは、一人で行える活動ではなく、話し手と聞き手という双方向性の中での活動が重要となる。

「話すこと・聞くこと」の学習をとおし、論点を明確にして自分の考えと比較しながら他者のスピーチを聞いたり、自分の考えを広げたり深めたりする国語の資質・能力の育成を図ろうとしている。　(髙木展郎)

適切な根拠を効果的に用いて、報告書を作成する

【「国語表現」書くこと】

1 育成する資質・能力

○読み手の同意が得られるよう、適切な根拠を効果的に用いるとともに、反論などを想定して論理の展開を考えるなど、文章の構成や展開を工夫すること。【書くこと イ】

2 評価規準

知識及び技能	思考力、判断力、表現力等	主体的に学習に取り組む態度
実用的な文章などの種類や特徴、構成や展開の仕方などについて理解を深めること。【言葉の特徴や使い方に関する事項 エ】	読み手の同意が得られるよう、適切な根拠を効果的に用いるとともに、反論などを想定して論理の展開を考えるなど、文章の構成や展開を工夫すること。【書くこと イ】	実用的な文章などの種類や特徴、構成や展開の仕方などについて理解を深めたり、読み手の同意が得られるよう、適切な根拠を効果的に用いるとともに、反論などを想定して論理の展開を考えるなど、文章の構成や展開を工夫しようとしたりしている。

3 取り上げる教材・題材

◉〈心をひいた表紙〉とその報告書

4 学習指導における具体的な評価規準

知識・技能	思考・判断・表現	主体的に学習に取り組む態度
報告書作成のために構成や展開の仕方などについて理解を深めることができる。	読み手の同意が得られるよう、適切な根拠を効果的に用いるなど、報告書の構成や展開を工夫している。	報告書作成のために構成や展開の仕方などについて理解を深めたり、読み手の同意が得られるよう、適切な根拠を効果的に用いるなど、報告書の構成や展開を工夫しようとしたりしている。

〈言語活動例〉イ　文章と図表や画像などを関係付けながら、企画書や報告書などを作成する活動。

5 単元の指導と評価の展開

次	時	具体の評価規準と評価方法	学習活動
第一次	1	〈評価規準〉 ・報告書作成のために構成や展開の仕方などについて理解を深めることができる。【知識・技能】 [評価方法] ・記述の点検	1. 単元の目標と学びのプラン【資料1】、1000字の「心をひいた表紙」報告書作成を確認する。 2. 構成や展開で必要な事柄を各自ノートに書く。 3. 各自ノートに記述した構成や展開についてグループで話し合う。 4. 各グループで話し合った内容を全体に発表する。 5. 教師の説明を通し構成や展開等を学習する。
第二次	2・3		・1000字の「心をひいた表紙」報告書に記述する項目の構想メモと初段階の考えを各自ノートに書く。 ＊項目は「自分の考え・意見」「表紙の良い点3点」「表紙の活用」「構成や展開の工夫」とする。 ＊可能であれば、司書教諭や学校司書の協力を得て、図書室を利用する。
第三次	4・5・6	〈評価規準〉 ・読み手の同意が得られるよう、適切な根拠を効果的に用いるなど、報告書の構成や展開を工夫している。【思考・判断・表現】 [評価方法] ・記述の分析	1. 3～4人のグループで良い点やアドバイスを1人ずつノートに書いていく。 2. 相互の記述を通してより良い方向へと話し合う。 3. 最終的な自分の考えをノートに書く。 4. ノートを使い1000字にまとめ、清書する【資料3】。
第四次	7	〈評価規準〉 ・報告書作成のために構成や展開の仕方などについて理解を深めたり、読み手の同意が得られるよう、適切な根拠を効果的に用いるなど、報告書の構成や展開を工夫しようとしたりしている。【主体的に学習に取り組む態度】 [評価方法] ・記述の点検	1. 清書した「構成や展開で工夫」と「〈心をひいた表紙〉報告書」をグループで読み合う【資料3】。 2. 学びの振り返りシート【資料2】A「展開や構成が一番よく工夫されていると考えた理由」を書く。 3. グループで学びの振り返りシート【資料2】を使って話し合い、構成や展開が一番よく工夫されているものを1つ選ぶ。 4. 各グループで選んだものを、全体で発表し合う。 5. 各自、学びの振り返りシート【資料2】B「発表で参考になった、または取り入れたい構成や展開の工夫」を書く。

6 単元のデザイン

① ねらい

本単元は、実用的な文章等(記録、報告、報道、手紙等)の構成や展開を工夫する力の育成を目標とし、文章(報告書)と非言語テキスト(書籍の表紙)を関係付けながら作成する報告書、話し合い、ノート活用等といった言語活動を充実させる。そして、自分の思考の深まりをメタ認知していく。報告書は1000字の分量で「心をひいた表紙」という題で作成する。対象の表紙は小説とする。

② 単元の構成と主体的・対話的で深い学び

単元の構成は、第一次では構成や展開の知識及び技能を中心とした学習、第二次では初段階の自己の考えを形成するひとり学び、第三次では話し合いを通した報告書の作成、第四次では振り返りを行う。具体的には次のとおりである。

第一次は単元のはじめとして学習目的の理解のために目標と単元の流れを「学びのプラン」【資料1】を通し確認する。また、義務教育段階や高校での「現代の国語」等、既習内容の〈学び直し〉も含め、実用的な文章等の構成や展開について学習する。生徒自身が構成や展開等についてノートを使い、話し合いや発表の中で確認したあと、教師による説明等を通して基礎的な学習をする。例えば、構成や展開(序論―本論―結論、頭括型、尾括型、双括型等)、段落の役割・設定・順序、段落相互や情報相互の関係(累加、並列、対比、転換、事実／意見、結論・意見／根拠、具体／抽象、原因／結果、概説／詳説、文章の中心部分／付加的部分等)、論理の展開(演繹／帰納等)、接続する語句、引用表示と出典等である。

第二次は〈心をひいた表紙〉報告書作成にあたり、「自分の考え・意見」「表紙の良い点３点」「表紙の活用」の内容項目と「構成や展開の工夫」の構想メモと初段階の考えを各自ノートに書く。報告書全体の分量が1000字のため各項目の分量も工夫させる。「自分の考えや意見」は表紙の良い点３点をまとめた内容にする。「表紙の良い点３点」は「良い点Ⅰ」「良い点Ⅱ」「良い点Ⅲ」とし、対象(表紙)の良さを３点抽出しそれぞれまとめる。「表紙の活用」とは日常生活での表紙の活かし方を創造する。例えば、インテリアや贈り物等である。当該項目には構成や展開を工夫させるねらいもある。「構成や展開の工夫」とは「自分の考え・意見」「表紙の良い点３点」「表紙の活用」の構成や展開の工夫のポイントを文章で書く。

第三次は話し合いを通し、第二次の内容をよりよい方向に修正する。活動としては、話し合い、最終的な自分の考えの形成、項目をまとめ報告書全体の作成(清書)の3段階を行う。話し合いでは3～4人のグループで良い点やアドバイスを1人ずつノートに書き、それをもとに相互により良い方向へと話し合う。話し合いの内容は各自ノートにメモして書いていく。話し合いを通し、最終的な自分の考えをノートに書く。最後に「構成や展開の工夫」に合うよう、「自分の考え・意見」「表紙の良い点3点」「表紙の活用」をワークシート(「構成や展開の工夫」と「〈心をひいた表紙〉報告書」)【資料3】に清書する。

第四次は単元のおわりとして自分の学習に対する考察のために「学びの振り返りシート」【資料2】を使い、グループと全体で振り返りを行う。グループで他の人のワークシートの「構成や展開の工夫」と「〈心をひいた表紙〉報告書」を読み合い、学びの振り返りシートの「A」を書き、それをもとにグループ内で構成や展開が一番よく工夫したものを1つ選ぶ。各グループで選んだものを、全体で発表したあと、各自、学びの振り返りシートの「B」を書く。グループと全体での活動の中で他者の工夫から自己の工夫を対象化し、深い学びにつなげていく。

③ 評価

評価は【資料3】を通し「自己の意見を明確にしている」「自己の意見の根拠が3点書かれている」「本の表紙の活用の仕方が書かれている」「構成、展開を工夫している」の4点から行う。報告書の清書において、4点の内容が記述されていれば「B評価」となる。1つでも満足していなければ、「C評価」となり、適宜指導を行う。B評価以上の工夫がなされていた場合は「A評価」とする。

④ ノート活用による思考の視覚化

ノートは1ページを2段にする。計2ページを見開きにし、計4段を使用する。1段目には構想メモ、2段目には初段階の自己の考え、3段目に他者による良い点やアドバイス、話し合いでのメモ等、4段目には1～3段目を踏まえて、最終的な自己の考えを書く。項目毎に2ページ4段を使用することになるが、上段から下段に向かい、自己の思考の深まりを階層的に視覚化できる。配付プリント(ワークシート等も)はノートに貼り付け、単元のまとまりのノート作りをする。

今後の展開として、本単元の報告書を活用し、表現の仕方の工夫等の目標で、他者の報告書から「本の表紙」の広告文を作成する活動等が考えられる。その広告文は司書教諭や学校司書などの協力を得て、図書室に掲載してもらうとよい。

7 参考資料

【資料１】学びのプラン

【資料１】

学びのプラン

（１）みんなにつけてほしい力

報告書作成のために構成や展開の仕方などについて理解を深めたり、読み手の同意が得られるよう、適切な根拠を効果的に用いるなど、報告書の構成や展開を工夫したりする力。

（２）単元名

〈心をひく表紙〉の報告書を作成する。

（３）この単元で学習すること

月日			みんなにつけてほしい力	学習活動
	第一次	1	報告書作成のために構成や展開の仕方などについて理解を深めることができる。	**○構成や展開について学びましょう。** ①学習の目標と学習の流れの見通しをもつ。 ②実用的な文章などを作成するめには、どのような構成や展開があるか、考える。
	第二次	2・3		**○報告書の項目を各自書きましょう。** ①自己の意見・考え ②自己の意見の根拠（３つの視点） ③表紙の活用の仕方 ④構成や展開の工夫
	第三次	4・5・6	読み手の同意が得られるよう，適切な根拠を効果的に用いるなど，報告書の構成や展開を工夫している。	**○グループでアドバイスし合い、清書しよう。** ①ノートを使用し、アドバイスを書く。 ②アドバイスを互いに確認し合い、更によい方向へなるよう話し合う。 ③アドバイスをもとに再度下書きを書く。 ④清書をする。
	第四次	7	報告書作成のために構成や展開の仕方などについて理解を深めたり，読み手の同意が得られるよう，適切な根拠を効果的に用いるなど，報告書の構成や展開を工夫しようとしたりしている。	**○振り返りしよう。** これまでの学習を振り返りながら、構成や展開について、より工夫したいこと等を他者の工夫を踏まえ振り返る。

【資料２】学びの振り返りシート

【資料２】

学びの振り返りシート

クラス　　組　　番　名前

手順

① グループで他の人の「構成や展開で工夫」と「〈心をひいた表紙〉報告書」を読み合いましょう。

② 学びの振り返りシートで「A」を書きましょう。

③ グループの中で構成や展開が一番よく工夫したものを１つ選びましょう。

③ 各グループで選んだものを、全体で発表しましょう。

④ 各自、学びの振り返りシート「B」を書きましょう。

A　展開や構成が一番よく工夫されていると考えた理由を書きましょう。（ア）〜（ウ）ができていれば、チェックの項目に「○」をいれましょう。

誰の工夫が一番良い工夫でしたか。　【名前　　】	チェック
（ア）構成や展開の仕方などについて理解をしている。	
（イ）読み手の同意が得られるよう、文章の構成や展開を工夫している。	
（ウ）適切な根拠を効果的に用いている。	
【理由】	

B　発表で参考になった、または取り入れたい構成や展開の工夫を書きましょう。

【資料3】ワークシート(オモテ)

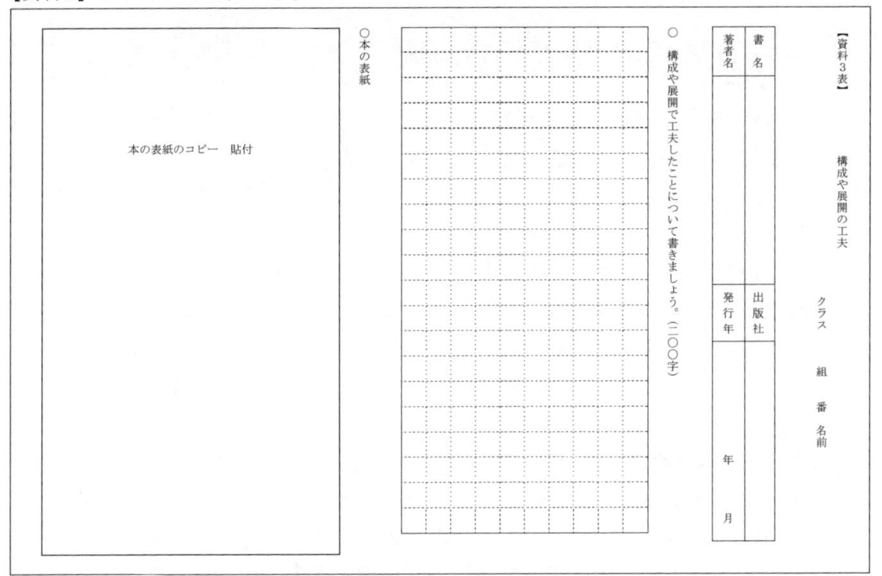

【資料3】ワークシート(ウラ)

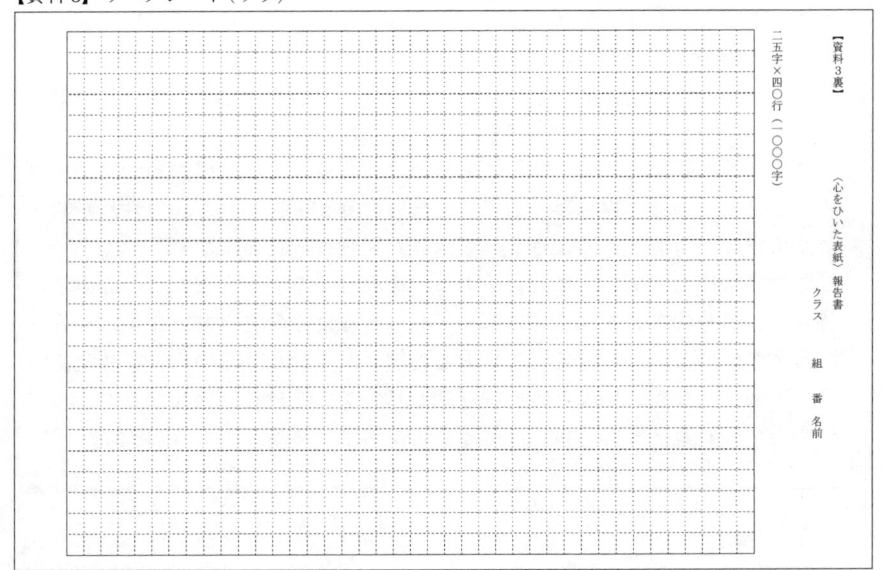

(田中栄一郎)

これからの【「国語表現」書くこと】の授業づくり

「国語表現」（4 単位）は選択科目で、「実社会において必要となる、他者との多様な関わりの中で伝え合う力の育成を重視した科目」として新設されている。その中で【書くこと】の授業時数は、90 ～ 100 単位時間程度の配当となっている。

この授業プランでは、報告書の作成をとおして実用的な文章等で、構成や展開を工夫する国語の資質・能力の育成を図ることを目標としている。自分が書いた文章を、相手に理解してもらうには、内容の適切さが重要となる。そのため、単に自分の思いのみを書くのではなく、相手に的確に伝わるような書き方が求められる。

本授業では、まず、自分一人で実用的な文章の構成や展開を学んだ上で、学んだ内容を使って文章を書き、その推敲をとおし、自己の考えを形成するための一人学びを行っている。このことは、自分の書いた文章を、構成や展開という文章の書き方を対象化して意識することにつながる。

次に、自分の文章の構成や展開について推敲し、その時点ではよりよいと思っている文章を、他者の読みを介在させることにより、相互批正をとおして、自分の書いた文章についてのメタ認知を図ることが行われる。そこでは、読み手の同意や共感が得られるよう、適切な根拠や具体例を効果的に用いているかどうかの検討を行うことになる。

このような学びの過程を行うことにより、文章としての構成や展開の工夫がなされ、かつ、書き手としての「自分の考え・意見」が記述された報告文の作成が可能となるような授業構成が図られることになる。

国語表現においては、単に自分の考えを表出する文章を書くことのみではなく、自分の考えを他者に理解してもらえるような書き方、相手に自分の考えが伝わるような書き方の習得と習熟とが求められている。実社会において必要となる、他者との多様な関わりの中における、伝え合う力としての国語の資質・能力の育成を図ることが重要となる。（髙木展郎）

読み比べを通し、自分の考えを広げたり深めたりする

【「古典探究」読むこと（古文）】

1 育成する資質・能力

○古典の作品や文章を多面的・多角的な視点から評価することを通して、我が国の言語文化について自分の考えを広げたり深めたりすること。【読むこと　ク】

2 評価規準

知識及び技能	思考力、判断力、表現力等	主体的に学習に取り組む態度
古典を読むために必要な文語のきまりや訓読のきまりについて理解を深めること。【我が国の言語文化に関する事項　イ】	古典の作品や文章を多面的・多角的な視点から評価することを通して、我が国の言語文化について自分の考えを広げたり深めたりすること。【読むこと　ク】	古典を読むために必要な文語のきまりや訓読のきまりについて理解を深めたり、古典の作品や文章を多面的・多角的な視点から評価することを通して、我が国の言語文化について自分の考えを広げたり深めたりしようとしたりしている。

3 取り上げる教材・題材

◉花山天皇の出家

- 本文１　『栄花物語』巻第二「花山たづぬる中納言」
- 本文２　『十訓抄』第六「忠直を存ずべき事」
- 本文３　『大鏡』「花山天皇の出家」

〈参考資料〉①『大鏡』「右大臣道兼」　②『古事談』「藤原兼家、関白移譲を諮問の事」

4 学習指導における具体的な評価規準

知識・技能	思考・判断・表現	主体的に学習に取り組む態度
・それぞれの古典作品の特徴について理解を深めている。 ・平安時代の政治・文化について理解を深めている。	同じ事件を描いた複数の文章を読み比べて、それぞれの作品の特徴を考え、「歴史」について自分の考えを深めている。	それぞれの古典作品の特徴や、平安時代の政治・文化について理解を深めたり、同じ事件を描いた複数の文章を読み比べて、それぞれの作品の特徴を考え、「歴史」について自分の考えを深めようとしたりしている。

〈言語活動例〉イ　同じ題材を取り上げた複数の古典の作品や文章を読み比べ、思想や感情などの共通点や相違点について論述したり発表したりする活動。

5 単元の指導と評価の展開

次	時	具体の評価規準と評価方法	学習活動
第一次	1	〈評価規準〉 ・それぞれの古典作品の特徴について理解を深めている。【知識・技能】 ・平安時代の政治・文化について理解を深めている。【知識・技能】 [評価方法] ・行動の観察	○文章を読み作品の特徴の理解を深める。 ①歴史物語について、便覧などを読み概要を理解する。(『大鏡』『栄花物語』の特徴について簡単に触れる。) ②「花山天皇の出家」に登場する人物や関係する人物について、便覧や教科書の系図を見ながら理解する。 ③３人グループをつくり、本文1、本文2、本文３を１枚ずつ配布する。３人はそれぞれ本文１～３のいずれかの「専門家」を担当する。「専門家」はそれぞれの文章の登場人物、あらすじを的確にとらえる。 ④本文１～３の担当者ごとにわかれて、あらすじを読み解く。
第二次	2	〈評価規準〉 ・同じ事件を描いた複数の文章を読み比べて、それぞれの作品の特徴を考え、「歴史」について自分の考えを深めている。【思考・判断・表現】 [評価方法] ・行動の観察、記述の確認	○同じ事件を描いた複数の文章を読み比べて、それぞれの作品の特徴を考える。 ①前時の３人グループになり、本文１～３を音読する。 ②本文１から順に、登場人物とあらすじを確認し、相違点に注意しながら内容を把握する。 ③本文３まで確認したら、次の５点について違いがわかるように表などにしてノートにまとめる。 (1) 本文の要旨（主題） (2) 出家の理由 (3) 本文中の「道兼」の役割 (4) 出家の首謀者の指摘 (5) 作品の成立時期と特徴 ④課題「なぜ兼家は花山天皇出家事件の首謀者になったのだろうか」について考察する。
第三次	3	〈評価規準〉 ・それぞれの古典作品の特徴や、平安時代の政治・文化について理解を深めたり、同じ事件を描いた	○「歴史」について自分の考えを深める。 ①前時の復習 ②本文１、２と本文３の記述内容が異なる理由について、作品の成立背景から考える。 ③参考資料①『大鏡』「右大臣道兼」、②『古事談』

第三次	3	複数の文章を読み比べて、それぞれの作品の特徴を考え、「歴史」について自分の考えを深めようとしたりしている。【主体的に学習に取り組む態度】 ［評価方法］ ・行動の観察、記述の確認	の内容をペアで読み取る。 ④なぜ道兼が花山天皇出家事件の実行犯になったのか、参考資料をもとに話し合う。 ⑤「歴史的事実」についてどのように考えるか。本文1～3、参考資料①、②をもとに、次のア、イの点に触れて800字で論述する。 ア　摂関政治 イ　文学作品と為政者

6 単元のデザイン

①　古文を通じて「深い学び」を導く

新学習指導要領では、教師が「知識」を一方的に伝達するのではなく、生徒自身が主体的に考え、他者との対話を通じて、深い学びを実現することで、新しい時代に必要となる「知識及び技能」や「思考力、判断力、表現力等」を育成するよう求められている。この授業は、特に「深い学び」の実現に焦点をあてた構成になっている。

「深い学び」とは、「知識を相互に関連付けてより深く理解したり、情報を精査して考えを形成したり、問題を見いだして解決策を考えたり、思いや考えを基に創造したりすることに向かう」ことをいう。この単元に至るまでの間に、身につけてきた古文の語彙や文法などの基礎知識や古典常識、さらに日本史で学んだ平安時代の政治史などの知識を組み合わせることで、単元の最後に設定された課題について深く理解し、考えを形成することができるだろう。

この単元では最初に、二十歳にも満たない花山天皇がどのような経緯で出家を思い立ち、実行したのかについて三つの教材から読み取っていく。一つの事件について、教材を通じて多面的に捉える力や、それぞれの本文を関連付け情報を精査して事実を読み取る力を育む授業設計になっている。

本文1の『栄花物語』では、花山天皇が寵愛する弘徽殿女御を失ったことで、出家を志し、夜中に宮中を抜け出し出家を決行したと語られる。しかし本文2、3では全く異なる状況が語られる。花山天皇が出家した経緯について、本文2『十訓抄』では、藤原道兼が花山天皇を唆したと指摘し、本文3『大鏡』では、道兼の背後に道兼の父藤原兼家の存在があったことを記している。

「花山天皇が出家した」という事実を語る三つの視点を、ぜひ生徒自身の力で気づき味わってもらいたい（なお本文２と本文３はおよそ同じ内容を語っているのだが、作者の関心が本文２では「忠臣」の存在、本文３では「事件の真相」と、それぞれ異なることにもぜひ気づかせたい）。

② 対話的な学び―ジグソー法を取り入れた学習活動

三つの本文を読み解くにあたって、ジグソー法を取り入れた学習方法を用いた。本文１、２、３はそれぞれ同じ事件であるが、出家する経緯の語りや主題が異なっている。生徒は担当箇所を読んでいるときにはそのことは知らないのだが、それぞれの本文内容を説明する活動時に、事件の相違点に興味関心を抱くようになる。

本文１をはじめの説明にもってきたのは、『栄花物語』の内容が、他の二つの作品と大きく異なるためだ。本文２、３を担当した生徒はその説明を聞きながら、内容の違いに気づいていく。「私の担当している本文と話しが少し違ってる」「あれそんな内容だっけ？」という対話がおこってくる。本文２では、事件の相違点に興味をもちながら発表に耳を傾ける。そして本文３担当の生徒が黒幕の存在を告げる時、この事件の全貌がみえてくる。「え～、そんなひどいことしたの？」「道兼って嫌な奴だな」という感想とともに、ある疑問が生じてくる。「なぜ兼家は花山天皇を出家させたのだろうか」「なぜ道兼が実行犯になったのか」、そして「なぜ『栄花物語』は、これらのことに触れていないのだろうか」など。事件の相違点から、さらにその事件の背景にある根本的な問題やそれぞれの作品全体へと関心が高まり、深い学びへと導かれるのである。

③ 概念への問いかけ―「歴史的事実とは何か」について考察する

『栄花物語』と『大鏡』は歴史物語というジャンルでくくられるのだが、形式や構成だけでなく作者の立場や、歴史を捉える視点や意識が大きく異なっている。生徒たちはそのことを本文の読解を通じて感じるはずだ。単なる知識ではなく体験化された知識としてその成立背景の違いを会得するだろう。

さらに踏み込んで、「真実」について考える時間をもちたい。三つの作品のうち、どの本文が事実を的確に捉えているのだろうか。今回は、参考資料①、②を通じて事実を推定することが可能である。さらに、年表や系図、天皇の在位年や摂関政治など、日本史の知識を用いてこの事件を捉えると、藤原兼家が黒幕として存在し、花山天皇の出家は兼家一族の悲願であったことがわかる。花山天皇の御代の東宮は、兼家の娘詮子が円融天皇との間に設けた皇子であった。花山天皇はこの事件の時19歳、東宮は7歳、そして兼家は58歳。もしも天皇の在位が長かったらどうだろうか。兼家は、自分が生きている間に東宮を即位させ、外戚として関白の位につくために今回の事件を企てたのではないか。兼家はこの事件の4年後には病のため亡くなっている……。

一方花山天皇は後見役であった祖父藤原伊尹と母懐子を亡くし、即位当初からその政権運営は不安定だった。寵愛する弘徽殿女御の父は兼家の弟藤原為光で、女御との間に皇子をつくることによって、為光を外戚として皇位を維持し、政権運営を試みたのではないか。しかし弘徽殿女御が亡くなってしまったことで、花山天皇は執政を断念し、出家したと考えられる。事実、花山天皇が、在位時に朝廷をボイコットする動きは日記などにも散見する。

しかしそれでも真相は誰にもわからない。となると我々が現在「歴史」として認識している過去の事実の真偽を、どのように判断できるのだろうか。そして『栄花物語』は多少のほのめかしはあるものの、なぜ事実を語らなかったのか。その分析を通じて、私たちが「歴史的事実」を「真実」といえるのか、歴史はどのように認定され、語られるのかなど、歴史や文学との関わりについても考察を深めていきたい。

7 参考資料

・資料①　『大鏡』「右大臣道兼」

この殿、父大臣の御忌には、土殿などにも居させ給はで、暑きにことつけて、御簾ども上げわたして、御念誦などもし給はず、さるべき人々呼び集めて、後撰・古今ひろげて、興言し、遊びて、つゆ嘆かせ給はざりけり。そのゆゑは、花山院をば我こそすかしおろし奉りたれ、されば、関白をも譲らせ給ふべきなり、といふ御恨みなりけり。世づかぬ御ことなりや。さまざまよからぬ御ことどもこそ聞こえしか。

〔出典〕『新編日本古典文学全集34　大鏡』（1996年　小学館）

・資料②　『古事談』「藤原兼家、関白移譲を諮問の事」

大入道殿、関白を以ていづれの子に譲るべきやの由を議せらるるに、有国申して云はく、「町尻殿宜しかるべし」と。花山院御出家の事を思ふが為に申さしむるか。惟仲申して云はく、「次第に任すれば中関白宜しかるべし」と云々。国平申して云はく「何ぞ兄を捨てて弟を用ゐむや」と云々。両人の計につきて、遂に中関白に譲り申さる。

〔出典〕『新日本古典文学大系41　古事談　続古事談』（2005年　岩波書店）

（沖　奈保子）

これからの【「古典探究」読むこと(古文)】の授業づくり

「古典探究」(４単位)は選択科目で、「自分と自分を取り巻く社会にとっての古典の意義や価値について探究し、生涯にわたって古典に親しめるようにするため、我が国の伝統的な言語文化への理解を深める科目」として新設されている。古文及び漢文の両方を取り上げ、一方に偏らないこととなっている。

この授業プランでは、これまで育成されてきた古典の資質･能力を、「古典探究」としてより一層充実させ育成するために、「主体的・対話的で深い学び」の授業構成の中で、主体的･対話的な学習をとおした「深い学び」の実現を図る授業を行っている。特に、ここでは、同じ時代の古典の作品を読み、それぞれの文章のもつ価値について、読み比べをとおして共有し合ってその価値を評価するとともに、設定された課題を探究して、その解決を図ることが求められている。

そこで本授業では、『栄花物語』『十訓抄』『大鏡』を読み、古典特有の表現に注意して作品の特徴を捉えたり、作品の成立した背景や他の作品などとの関係を踏まえながら解釈を深めたりする学習を行おうとしている。ここでは、関連する複数の古典の作品や資料などを読み、自分のものの見方、感じ方、考え方を、対象とした古典の内容を捉えることをとおして、理解を深める学習が行われている。

上記三つの作品を読み、そこでの登場人物とあらすじを確認したり、相違点を押さえたりしたのち、課題として「なぜ兼家は花山天皇出家事件の首謀者になったのだろうか」について考察させている。それにより、先人のものの見方や感じ方､考え方について､古典の世界と現代との比較を行っている。

さらに、「古典探究」の時間では、それまでに学習してきた古文の語彙や文法などの基礎知識等を用いつつ、より一層古典の理解を深める学習を行うことが求められている。

このような古典の学習をとおし、一人一人の生徒の理解を確実なものとし、古典作品への考察を深めるために、対話的な学びをとおして、読みを深める授業構成がなされることが期待される。

(髙木展郎)

古典の意義や価値を探究する

【「古典探究」読むこと（漢文）】

1 育成する資質・能力

○古典の作品や文章などに表れているものの見方、感じ方、考え方を踏まえ、人間、社会、自然などに対する自分の考えを広げたり深めたりすること。【読むこと　カ】

2 評価規準

知識及び技能	思考力、判断力、表現力等	主体的に学習に取り組む態度
先人のものの見方、感じ方、考え方に親しみ、自分のものの見方、感じ方、考え方を豊かにする読書の意義と効用について理解を深めること。【我が国の言語文化に関する事項　エ】	古典の作品や文章などに表れているものの見方、感じ方、考え方を踏まえ、人間、社会、自然などに対する自分の考えを広げたり深めたりすること。【読むこと　カ】	先人のものの見方、感じ方、考え方に親しみ、自分のものの見方、感じ方、考え方を豊かにする読書の意義と効用について理解を深めたり、古典の作品や文章などに表れているものの見方、感じ方、考え方を踏まえ、人間、社会、自然などに対する自分の考えを広げたり深めたりしようとしている。

3 取り上げる教材・題材

◉「実語教」（冒頭）

実語教

山高故不貴　以有樹為貴
人肥故不貴　以有智為貴
富是一生財　身滅則共滅
智是万代宝　命終則随行
玉不磨無光　無光為石瓦
人不学無智　無智為愚人
倉内財有朽　不如一日学
兄弟常不合　慈悲為兄弟
財物永不存　才智為財物
四大日日衰　心神夜夜闇
…

〔出典〕酒井憲二『実語教童子教』（1999年　三省堂）

4 学習指導における具体的な評価規準

知識・技能	思考・判断・表現	主体的に学習に取り組む態度
先人のものの見方、感じ方、考え方に親しみ、自分のものの見方、感じ方、考え方を豊かにしている。	古典の作品や文章などに表れている先人のものの見方や感じ方、考え方を踏まえ、生きるうえでの知恵や学問、道徳などの考え方に触れている。	先人のものの見方、感じ方、考え方に親しみ、自分のものの見方、感じ方、考え方を豊かにしたり、古典の作品や文章などに表れている先人のものの見方や感じ方、考え方を踏まえ、生きるうえでの知恵や学問、道徳などの考え方に触れようとしたりしている。

〈言語活動例〉キ　往来物や漢文の名句・名言などを読み、社会生活に役立つ知識の文例を集め、それらの現代における意義や価値などについて随筆などにまとめる活動。

5 単元の指導と評価の展開

次	時	具体の評価規準と評価方法	学習活動
第一次	1・2	〈評価規準〉 ・先人のものの見方、感じ方、考え方に親しみ、自分のものの見方、感じ方、考え方を豊かにしている。【知識・技能】 [評価方法] ・行動の観察	1.「実語教」(漢字で書かれた文章)を鑑賞し、作品について調べる。 2. 本単元の学習の見通しをもつ。 3.「実語教」の「山高故不貴　以有樹為貴」をクラス全体で音読する。 4. 読み取ったことや感じたこと、イメージしたことを発表する。 5. 訓読のきまりや語句の意味に注意しながら書き下し文に改め、現代語に訳す。 6.「なぜ樹があると貴いのか」を考え、意見交流する。 7.「何かの役に立って、初めて価値が生まれる」内容であることを理解する。
第二次	3・4	〈評価規準〉 ・古典の作品や文章などに表れている先人のものの見方や感じ方、考え方を踏まえ、生きるうえでの知恵や学問、道徳などの考え方に触れている。【思考・判断・表現】	1. 第一次で扱った「実語教」から読み取れるテーマを考える。(例「世の役に立つ人になろう」) 2. さまざまな視点に置き換えて捉え、考えを発表する。(例「勉強」に置き換えて、「世の中に役立つ仕事がしたいという目標を立てると、勉強する意欲がわいてくる」等)

第二次	3・4	［評価方法］ ・記述の点検	3. それらの中から、意見を出し合って、最も適しているものを選ぶ。 4. その解説文を、クラス全体で、200字程度の文章にわかりやすくまとめる。
第三次	5・6	〈評価規準〉 ・先人のものの見方、感じ方、考え方に親しみ、自分のものの見方、感じ方、考え方を豊かにしたり、古典の作品や文章などに表れている先人のものの見方や感じ方、考え方を踏まえ、生きるうえでの知恵や学問、道徳などの考え方に触れようとしたりしている。【主体的に学習に取り組む態度】 ［評価方法］ ・記述の分析	1.「実語教」を音読し、ペアで対句を一つ選ぶ。 2. ペアで音読し、読み取ったことや感じたこと、イメージしたことを付箋に書く。 3. 模造紙等にまとめ、ペアで意見交換する。 4. 訓読のきまりや語句の意味に注意しながら、書き下し文に改め、現代語に訳す。 5. 付箋に書いた言葉や書き下し文から、選んだ対句のテーマを考える。 6. 別の視点で捉えるなどして、話し合いながら200字程度の解説文を書く。 7. 書いた文章をペアで評価する。 8. パワーポイント等にテーマ、書き下し文、現代語訳、解説文をまとめる。
第四次	7・8	〈評価規準〉 ・先人のものの見方、感じ方、考え方に親しみ、自分のものの見方、感じ方、考え方を豊かにしようとしたり、古典の作品や文章などに表れている先人のものの見方や感じ方、考え方を踏まえ、生きるうえでの知恵や学問、道徳などの考え方に触れようとしたりしている。【主体的に学習に取り組む態度】 ［評価方法］ ・記述の分析	1. ICT機器等で映し出されたそれぞれの作品を鑑賞し、全体で評価する。 2. 心に響いた作品を選び、その理由を、解説文を引用しながら根拠を明確にしてワークシートに書く。 3. 現代における古典の意義や価値などについて考察したことを踏まえて、批評文を600字程度で書く。

6 単元のデザイン

① 古典の豊かな世界に触れ、読み味わうための教材選定

古典の作品や文章などには、それらが成立した時代に生きた先人の思想や感情が込められている。それらに触れて自己のものの見方、感じ方、考え方を見つめ直し、これからの人生の指針となるような教材、生涯にわたって古典に親しみをもつことのできる教材選定が必須である。本単元の「実語教」は往来物の一種で、平安時代末期から江戸時代にかけて刊行、流布した児童教訓書である。漢詩流の五言対句の体裁で、勉学の勤めや日常道徳などを説いており、江戸時代では寺子屋の教科書として使用された。

社会生活に役立つ知識の文例を集める際には、生徒の実態に合わせて、『論語』や『菜根譚』などにも注目したい。そして原文だけでなく、書き下し文や解説文なども活用して探究することも大切である。指導者が選んだものを与えるのではなく、学校図書館等で、古典の実用的な文例や名句・名言などを自由に選ばせてもよいだろう。

② 内容理解を深めるための音読

声に出して文章を読む音読は、文章の内容や表現を理解し、古典特有の調子に気づくことができる。一方、文章の思想や感情を十分に理解したうえで、表現性を高めて読む朗読は古典の世界のイメージも広がり、内容理解の深まりも期待される。この単元で学んだ教訓が、これから先の人生の中でさまざまな困難に直面したときの助けとなるよう、繰り返し読ませて暗唱させたい。

③ 書き手の意図や考えを捉えるための学習活動

文章を読んで主題（テーマ）を考える学習活動は、書き手の考えや目的、意図と関係づけ、内容を的確に捉え、深めることができる。難しい場合は、例えば「学問のすすめ」、「人間として大切なもの」、「幸せな人生を歩くためには」など、いくつかのテーマから選ばせることで、生徒の考えの形成を図りたい。

④ 読みが深まる問い

漢文（漢詩）を書き下し文にし、現代語訳してもイメージがつかめなかったり、読み取りが難しかったりした場合は、読みを深めるための問いを設定するなどして考えさせることが必要であろう。この問いによって、主体的に作品や文章と向き合うことができる。問いを考察することで思考力や想像力を伸ばし、自分自身

の人間観、社会観、自然観などを広く確立し、深めることが期待できる。

⑤　自己の在り方・生き方を見つめなおすための解説文

本単元ではテキストを通して、自己と先人との時代を超えた対話ができる。また、教師や級友との対話を通して主体的に読み深めることで、ものの見方や考え方を広げ、心を豊かにすることが可能となる。

千年もの長い月日の中で、さまざまな評価を受けつつ読み継がれてきた古典の意義について考えるとともに、人が生きていくうえで大切にしたい教訓を自分の言葉で解説文にまとめ、それを教養として身につけ、次の世代へつなげていくことを目ざしたい。

⑥　古典の意義や価値について探究する感想文と批評文

感想文とは、学習をしてわかったことや感じたことを書かせるものではない。本単元では「我が国の言語文化を享受し、生活や社会の中で活用し、継承・発展させようとする態度を育成する」ことができたかを把握することができるワークシートを作成し、解説文を引用するなどして、根拠を明確にして記述させることを重視している。

批評文を書くことで、古典の普遍的価値や、その作品が古典として現代まで読み継がれてきた意味について考えが深まる。また、その作品が自らにとってどのような価値をもつかについても考えさせたい。このような学習に取り組むことによって、古典に親しむ態度、我が国の伝統と文化を尊重する態度を身に付けることができる。

7　参考資料

・酒井憲二『実語教童子教』（1999年　三省堂）
・齋藤孝『子どもと声に出して読みたい「実語教」』（2013年　致知出版社）

（大元理絵）

これからの【「古典探究」読むこと（漢文）】の授業づくり

「古典探究」（4単位）は選択科目で、「自分と自分を取り巻く社会にとっての古典の意義や価値について探究し、生涯にわたって古典に親しめるようにするため、我が国の伝統的な言語文化への理解を深める科目」として新設されている。古文及び漢文の両方を取り上げ、一方に偏らないこととなっている。

この授業プランでは、漢詩流の五言対句の体裁で書かれた往来物の一種である「実語教」を読み、そこに書かれているものの見方や感じ方などを読み深めることをとおして、自分の考えを広げたり深化させたりすることをねらおうとしている。

本授業での言語活動例としては、「キ　往来物や漢文の名句・名言などを読み、社会生活に役立つ知識の文例を集め、それらの現代における意義や価値などについて随筆などにまとめる活動。」を取り上げている。授業全体のまとめる活動として、批評文を書くことにより、現代における古典の意義や価値についての考察を行おうとしている。

本授業プランで特に重要なことは、授業のまとめとして批評文を書かせることにある。「古典探究」の授業として求めているのは、単に感想をまとめさせるのではなく、古典を読んで、生徒が古典に関しての理解、考察を深めることにある。ここでの理解、考察とは、古典の普遍的価値や、古典がこれまで読み継がれてきたことの意味を考えさせるとともに、古典に書かれている内容が、生徒一人一人にとってどのような価値をもつかについて考えさせることである。ここに「古典探究」の授業としての意味がある。

「古典探究」のねらいは、古典の作品や文章が成立した時代や背景の違いを理解するとともに、それによって書き手や作者の人間観・社会観・自然観などのものの見方や感じ方、考え方がどう表現されているかを理解することにある。そして、その理解に立って、現代との相対化を図り、先人と自己との関係について、思いや考えを広げたり深化させたりすることが求められる。それは、古典を学ぶことの本質であり、その本質的な古典を学ぶことの意義を、生徒一人一人に自覚させることが期待されている。

（髙木展郎）

第３章

新学習指導要領Ｑ＆Ａ

―― 高木展郎

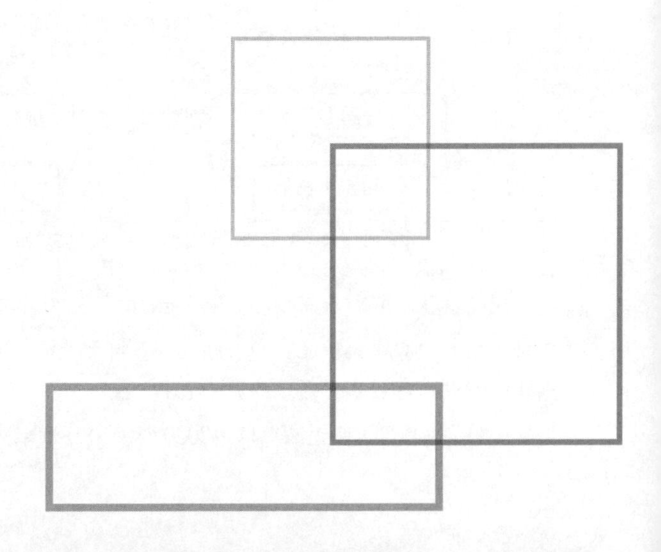

Q.1 資質・能力の三つの柱では、どのような資質・能力の育成を目ざしているのですか。

新学習指導要領では、資質・能力の三つの柱として、以下の内容を示しています。

①「何を理解しているか、何ができるか(生きて働く「知識・技能」の習得)」

②「理解していること・できることをどう使うか(未知の状況にも対応できる「思考力・判断力・表現力等」の育成)」

③「どのように社会・世界と関わり、よりよい人生を送るか(学びを人生や社会に生かそうとする「学びに向かう力　人間性等」の涵養)」

このことについては、以下の図によって、その構造がわかります。

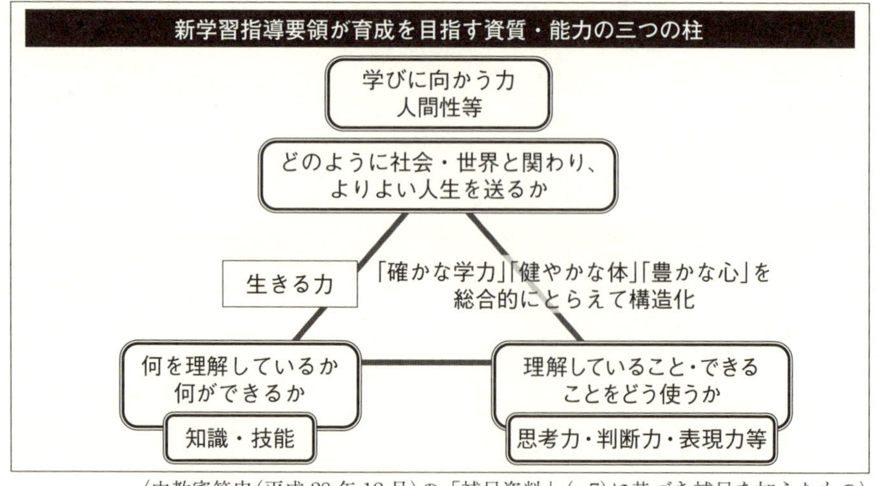

〈中教審答申(平成28年12月)の「補足資料」(p.7)に基づき補足を加えたもの〉

上記に示されている三つの資質・能力は、2030年にOECD(経済協力開発機構)が目ざしている資質・能力の方向性とも軌を一にしており、これからの時代に先進諸国で求められる資質・能力でもあります。

OECDとOECD加盟国では、2030年という近未来において、子どもたちにどのような資質・能力の育成が求められるかということについて、研究を行っています。日本もその研究に参加しており、新学習指導要領では、その考え方がコンピテンシーの内容として取り入れられています。

OECD は、2018 年に中間的な報告として、私たちの社会を変革し、私たちの未来を作り上げていくコンピテンシーとして、以下の内容を示しています。

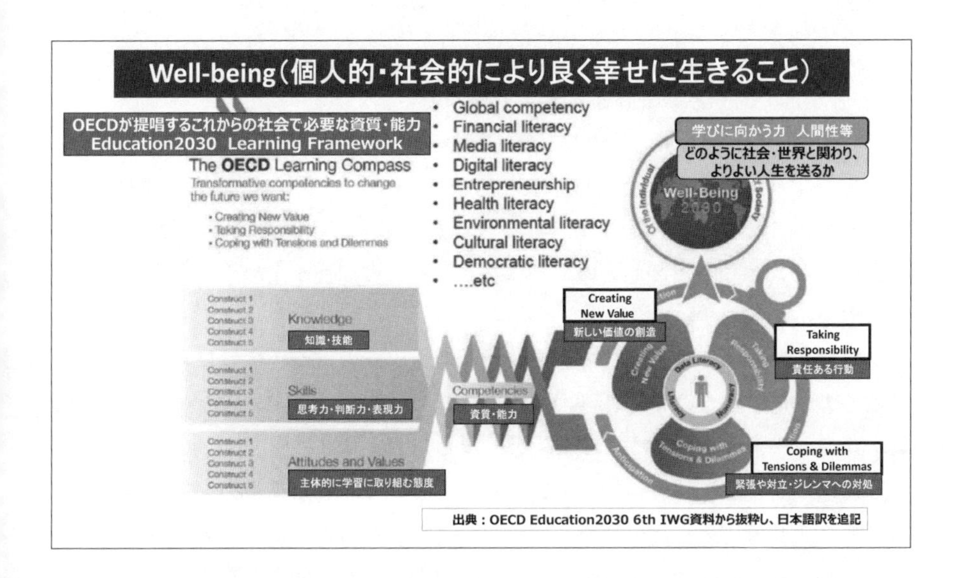

上記では、学力の重要な三つの要素としての「知識・技能」、「思考力・判断力・表現力」、「主体的に学習に取り組む態度」を、統合したり関わり合わせたりして育成するコンピテンシーの先に、以下の三つの内容を示しています。

1. 新しい価値の創造（Creating New Value）
2. 緊張や対立、ジレンマへの対処（Coping with Tensions & Dilemmas）
3. 責任ある行動（Taking Responsibility）

上記の内容は、教育におけるさまざまな機能を整理し、未来に向けて、子どもたちへの教育活動を通して、最終的には、「個人的、社会的により良く幸せに生きること」（Well-being）を目ざすことになります。

新学習指導要領の基本的な理念でも、教育を通して未来を創るために、このような「資質・能力」の育成を目ざしています。

Q.2　新学習指導要領で、これまでの「学力」という言葉から「資質・能力」に変わったのは、なぜですか。今まで言っていた「学力」とは、何が違うのですか。

新学習指導要領では、これまで学校教育で使用されてきた「学力」という言葉を、「資質・能力」という言葉に変えて用いています。

「資質・能力」という言葉は、生涯にわたって必要とされる「学力」、学校を卒業しても学び続けるという意味で使用されています。それは、AI(人工知能)等によって、これまでの社会が大きく変化し始めている状況に象徴されるように、社会構造が大きく変化し、そのことに対してもこの転換が求められるようになってきているからです。

学校教育においても、学校で育成した「資質・能力」が、生涯にわたって生きて働くようにするためにも、「学力」という学校教育の枠の中にとどまらない「資質・能力」の育成を図ろうとする考えによるものです。

したがって、学校教育において、これまで育成してきた「学力」を否定するのではありません。それらの育成を図りつつ、これからの次代に必要とされ、子どもたちがこれからの次代に生きるために必要な「資質・能力」をも育成することが、学校教育に求められるようになってきているのです。

そこで、学校教育において求められる「資質・能力」として、先の「Q.1」に示した「知識・技能」としての「何を理解しているか、何ができるか」と、「思考力・判断力・表現力等」としての「理解していること・できることをどう使うか」のバランスのよい学習指導が求められています。

高等学校においても、新学習指導要領に〔知識及び技能〕、〔思考力、判断力、表現力等〕として育成すべき資質・能力の内容が、それぞれの教科・科目に示されています。国語科でも学習指導要領に示された〔知識及び技能〕、〔思考力、判断力、表現力等〕として各科目の内容に示されている資質・能力を確実に育成することが求められます。

Q.3 「主体的・対話的で深い学び」は、全ての授業で行う必要があるのですか。また、アクティブ・ラーニングとは、何が違うのですか。

これまで大学教育では、講義中心の授業が多く行われてきました。学修者が講義を受動的に学ぶのではなく、能動的に学ぶことへの転換の視点として、アクティブ・ラーニングという用語が用いられるようになりました。

すなわち、アクティブ・ラーニングは、学修者が能動的に学ぶことを指しており、授業でグループ学習やジグソー学習を行う、というような授業の型を取り入れることではないことを強調しておきます。そこでは、学びの質の転換を図ることが重要であり、単に、授業で生徒どうしが活発な話し合いをすればそれでよし、とすることではありません。

アクティブ・ラーニングの授業として目ざしているのは、生徒が能動的に学び、それを、生涯にわたっての資質・能力として身につける「アクティブ・ラーナー」としての資質・能力を育成することにあります。

「主体的・対話的で深い学び」は、これまで高等学校でも講義中心の授業が多く行われていたことに対して、それを転換するため授業改善の視点として取り入れようとしているものです。つまり、これまで教師主導であった授業を生徒主体の授業へと転換を図るため、「主体的・対話的で深い学び」を行おうということなのです。そこでは、以下の二点が重要となります。

1. 生きて働く知識・技能の習得など、新しい時代に求められる資質・能力の育成
2. 知識の量を削減せず、質の高い理解を図るための学習過程の質的改善

「主体的・対話的で深い学び」は、１単位時間の授業の中で全てが実現されるものではありません。単元や題材のまとまりの中で、主体的に学習を見通し、振り返る場面をどこに設定するか、対話する場面をどこに設定するか、学びの深まりを作り出すために生徒が考える場面と教員が教える場面をどのように組み立てるか、といった視点が求められます。

Q.4　教科等横断的な視点に立った資質・能力を育成するために、国語科ではどのような役割が求められていますか。

教科等横断的な視点に立った資質・能力の育成については、新学習指導要領には、以下のように示されています。（高等学校学習指導要領「総則」p.5）

(1) 各学校においては、生徒の発達の段階を考慮し、言語能力、情報活用能力（情報モラルを含む。）、問題発見・解決能力等の学習の基盤となる資質・能力を育成していくことができるよう、各教科・科目等の特質を生かし、教科等横断的な視点から教育課程の編成を図るものとする。

(2) 各学校においては、生徒や学校、地域の実態及び生徒の発達の段階を考慮し、豊かな人生の実現や災害等を乗り越えて次代の社会を形成することに向けた現代的な諸課題に対応して求められる資質・能力を、教科等横断的な視点で育成していくことができるよう、各学校の特色を生かした教育課程の編成を図るものとする。

上記で重要なのは、単に各教科に示されている内容（テーマ）を「教科等横断的」に教育課程として関係づけ、編成することではありません。

国語科においては、上記(1)に示されている「言語能力」の育成を図ることが求められます。そこでは、各科目の目標に即し、授業の中で「記録、要約、説明、論述、話合い」という言語活動を通して国語としての資質・能力の育成を図ることが重要となります。そして、それは教科等横断的な視点に立った資質・能力の育成につながります。

そこで、国語の各科目においては、新学習指導要領の〔知識及び技能〕と〔思考力、判断力、表現力等〕の資質・能力を、各科目の授業を通して育成することになります。そして、それが他の教科にもつながる言語能力の育成になります。

そのため、言語能力を育成するにあたっては、国語科としての教育課程の編成とともに、言語能力の育成を図るための教科等横断的な教育課程の編成を図ることも求められています。

Q.5 教科目標の最初に出てくる「言葉による見方・考え方を働かせ」とは、具体的にはどういうことですか。

「言葉による見方・考え方を働かせ」るとは、生徒が学習の中で、対象と言葉、言葉と言葉との関係を、言葉の意味、働き、使い方等に着目して捉えたり問い直したりして、言葉への自覚を高めることと考えられます。国語科は、自然科学や社会科学等の視点から物事を理解することを直接の学習目的としていません。それゆえ、国語科では、言葉を通じた理解や表現及びそこで用いられる言葉そのものを学習対象としているということを重視します。このため、「言葉による見方・考え方を働かせ」ることが、国語科において育成すべき資質・能力をよりよく身につけることにつながることになります。

この「言葉による見方・考え方を働かせ」ることで、「言葉を対象化」し、言葉がどのようにさまざまな場面で機能するかを自覚し、それを意識して使えるようになることが大切です。ふだんなにげなく使っている言葉を意識することを通し、言葉の役割や、なぜ、その言葉を使うのか、ということを考えて意図的に使えるようになること、また、その言葉がどうして使われているのかを理解すること等が、国語科の授業の役割ともなります。

国語科においては、言葉を意識的に使うことをとおして、学習指導要領「2内容」の指導「事項」に示す資質・能力を身につけることで、「見方・考え方」がより豊かになり、それを意識して働かせることで、より豊かな資質・能力を育成することを目ざしています。そのため、国語科の授業においては、学習指導要領の「2内容」の指導「事項」に示されている資質・能力を身につけることが第一であり、その際、「言葉による見方・考え方」が働くよう、生徒が言葉に着目し、言葉に対して自覚的になるように授業改善を図ることが重要となります。

Q.6 高校国語の授業改善のポイントはなんですか。従来の授業スタイルは変えなければならないのですか。

新学習指導要領「国語」の科目構成は「現代の国語」、「言語文化」の二つが共通必履修科目、「論理国語」、「文学国語」、「国語表現」、「古典探究」の四つが選択科目となっています。

各科目には、それぞれの科目の特徴に合わせて、言語活動を通して国語として育成すべき資質・能力の内容を示しています。

これまでの国語でも、授業を通して言語能力の育成を図ることを目標としてきました。しかし、実態としては、教材文の内容の読解や解釈・理解が中心ではなかったでしょうか。

例えば、高等学校で国語の授業を受けたのち、どのような国語の資質・能力が身についたかを、生徒一人一人が明確に言えるでしょうか。国語の授業で「羅生門」、「こころ」、「水の東西」、「伊勢物語」、「徒然草」、「論語」等を学んだということは言えるでしょう。しかし、それらはあくまで教材名であり、国語の授業を通して育成を目ざす国語の資質・能力ではありません。

これまでの高等学校国語科の授業では、教材文を主として、その内容の理解と解釈とが多く行われていたのではないでしょうか。授業では、目標は立てるものの、その目標が言語能力の育成として直接的につながらず、教材文の読解や解釈に授業の主眼がおかれてはいなかったでしょうか。それでは、一人一人の生徒に言語能力を育成することは難しいと思います。

新学習指導要領では、全ての教科で〔知識及び技能〕と〔思考力、判断力、表現力等〕の内容を具体的に示し、その資質・能力の育成を図ろうとしています。国語科でも、国語の授業を通して育成すべき国語の資質・能力を、いかに育成するかが重要な課題となっています。そのためには、教材文の理解、解釈を中心とした授業から、国語としての資質・能力の育成を図る授業への転換が強く求められているのです。

Q.7 これからの授業では、学習指導案も変えなくてはならないのですか。今までのものが使えますか。

新学習指導要領では、一時間ごとの授業は大切にするものの、「主体的・対話的で深い学び」を行うことのできる授業として、単元や題材のまとまりとしての授業が求められています。次に、これからの学習指導案としての一例をあげます。

国語科　　第○学年　学習指導案

1　単元で育成する資質・能力
【この単元の学習で，身に付けさせたい資質・能力を記述する。】
【学習指導要領に示されている「内容」の指導「事項」を基に記述する。】

2　単元の評価規準
【学習指導要領国語の各領域に示されている「内容」の指導「事項」から，単元目標として適切な「事項」を選択して示す。<コピー＆ペースト>】

知識及び技能	思考力，判断力，表現力等	主体的に学習に取り組む態度
学習指導要領に示されている〔知識及び技能〕から，その単元で育成すべきものを選んで記入する。	学習指導要領に示されている〔思考力，判断力，表現力等〕から，その単元で育成すべきものを選んで記入する。	左に引用している学習指導要領の〔知識及び技能〕〔思考力，判断力，表現力等〕の中，その単元の最重要課題を「～しようとしたりしている」として示す。

「主体的に学習に取り組む態度」へは、「知識及び技能」「思考力、判断力、表現力等」に学習指導要領の各領域の指導事項から引用した内容をコピーして、「～しようとしたりしている」という文末で表現する。

3　単元名

4　単元の学習指導における具体的な評価規準
【学習内容に合わせて単元で用いる教材の内容に合った具体的な評価規準を設定する】

知識・技能	思考・判断・表現	主体的に学習に取り組む態度
例） ○○を理解している／○○の知識を身に付けている ○○することができる／○○の技能を身に付けている	例） 各教科の特質に応じ育まれる見方や考え方を用いて探究することを通じて，考えたり判断したり表現したりしている	例） 主体的に知識・技能を身に付けたり，思考・判断・表現をしようとしたりしている

<言語活動例>

5　単元計画

<table>
<tr><th></th><th></th><th>具体の評価規準と評価方法</th><th>学習活動</th></tr>
<tr><td>第一次</td><td>1・2</td><td>ここには，「4　具体の評価規準」を学習指導計画に沿って，3観点をそれぞれの「次」の学習活動にあわせて，配置する。</td><td>学習活動は，全ての時間の主たるもののみを記入する。また，上記三つの評価の観点に合った学習活動とする。</td></tr>
<tr><td>第二次</td><td>3・4・5・6</td><td rowspan="3">・この単元（教材）の学習の過程の中で行う三観点の評価を取り出して，その評価方法と共に示す。
・「具体の評価規準」は，単元の評価規準に基づき，各学習のまとまりで行う評価の規準として示す。
・「主体的に学習に取り組む態度」の評価は，その単元での学習を通して育成すべき資質・能力であるので，単元の学習の最終段階で行うことが多くなる。
・評価は，1時間のみで行うものだけでなく，数時間にまたがる評価もあり得る。
・「思考・判断・表現」を評価するところでは，必ず言語活動を学習活動に入れる。</td><td rowspan="3">・「学習活動」は，時間毎に生徒が行う具体として示す。
・学習のまとまりを整理して，単元（教材）全体の学習がどのように組織されているかを示す。
・「思考・判断・表現」の評価を行う活動には，必ず言語活動を学習活動として取り入れる。
・言語活動には，記録・要約・説明・論述・話合いの活動を入れる。
・「振り返り」は，見通しについて行うものであって，そのためには，時間毎の学習についての見通しを明示することが必要である。そこで，時間毎の主たる学習活動を示すことが求められる。</td></tr>
<tr><td>第三次</td><td>7・8</td></tr>
<tr><td>第四次</td><td>9・10</td></tr>
</table>

なお、第一次に、「主体的に学習に取り組む態度」がくることはない。「主体的に学習に取り組む態度」は、単元全体の指導を通して育成するので、単元の後半にこの評価の観点は位置づく。

Q.8　現行の「国語総合」が「現代の国語」と「言語文化」とに分かれたと考えればよいですか。

現行の「国語総合」(4単位)は、教科の目標を全面的に受けた基本的な科目であり、共通必履修科目として設定されています。小学校及び中学校国語と密接に関連し、その内容を発展させ、総合的な言語能力を育成する科目です。選択科目や他の教科･科目等の学習の基本、とりわけ言語活動の充実に資する国語の能力、社会人として生活するために必要な国語の能力の基礎を確実に身につけることをねらいとしています。言語活動を通して国語の能力を身につけるため、「A話すこと・聞くこと」、「B書くこと」、「C読むこと」及び〔伝統的な言語文化と国語の特質に関する事項〕の3領域1事項で内容を構成しています。しかし、総合的な言語能力を育成するための科目として設置されたのですが、実際には、「C読むこと」が重視され、現代文と古典とを分けて指導されることが多く、大きな問題が生じています。

そこで、新学習指導要領では、共通必履修科目を「現代の国語」(2単位)と「言語文化」(2単位)の2科目として新設しました。

「現代の国語」は、実社会における国語による諸活動に必要な資質・能力を育成する科目として設定されました。主として「話合いや論述などの『話すこと・聞くこと』、『書くこと』の領域の学習が十分に行われていない」という課題を受け、特に、実社会における国語による諸活動とこれらのことが深い関係であることを考慮し、実社会における国語による諸活動に必要な資質・能力を育成する科目として設定されています。

「言語文化」は、上代から近現代に受け継がれてきた我が国の言語文化への理解を深める科目として設定されました。主として「古典の学習について、日本人として大切にしてきた言語文化を積極的に享受して社会や自分との関わりの中でそれらを生かしていくという観点が弱く、学習意欲が高まらない」という課題を受け、古典を含む言語文化としての国語の理解を深める科目として設定されています。

Q.9 「現代の国語」と「言語文化」では、何を教えればよいのかわかりにくいので、それぞれの科目の違いを説明してください。

「現代の国語」は、全ての生徒に履修させる共通必履修科目として設定されています。「現代の国語」では、実社会における国語による諸活動に必要な資質・能力の育成に主眼をおき、論理的思考力、相互に交流する力、情報への適切な判断といった実社会で求められる言語能力の育成を図ることを重視しています。小学校及び中学校の国語と密接に関連し、その内容を発展させ、総合的な言語能力を育成する科目として、選択科目や他の教科・科目等の学習の基本となる科目としています。そこでは、言語活動の充実に資する国語の資質・能力、社会人として生活するために必要な国語の資質・能力の基礎を確実に定着させることが重要となります。

「現代の国語」の授業時数は、【話すこと・聞くこと】20 ～ 30 単位時間程度、【書くこと】30 ～ 40 単位時間程度、【読むこと】10 ～ 20 単位時間程度となっています。

「言語文化」もまた、全ての生徒に履修させる共通必履修科目として設定しています。グローバル化している今日では、異なる国や文化との関わりも多くなってきています。このような国際化した社会環境の中で、世界の中での一員として、責任と自覚が求められています。こうした状況の中で、自らのアイデンティティーとして、日本古来からの伝統と文化を尊重し、言語文化に関する資質・能力を育成することが重要となります。

そこで、我が国の言語文化を理解するため〔知識及び技能〕では、(1)言葉の特徴や使い方に関する事項、(2)我が国の言語文化に関する事項、〔思考力、判断力、表現力等〕では、「書くこと」、「読むこと」の２領域で内容を構成しています。

「言語文化」の授業時数は、【書くこと】5 ～ 10 単位時間程度、【読むこと】（古典）40 ～ 45 単位時間程度、（近代以降）20 単位時間程度となっています。

Q.10 現行の「現代文Ａ」「現代文Ｂ」がなくなり、「論理国語」「文学国語」が設けられた理由はなんですか。どのような違いがあるのですか。

現行の「現代文Ａ」(2単位)は、読む対象を近代以降の文章として設定した選択科目です。共通必履修科目の「国語総合」の3領域1事項のうち、「Ｃ読むこと」の近代以降の文章の分野と〔伝統的な言語文化と国語の特質に関する事項〕とを中心としています。ここでは、近代以降のさまざまなまとまりのある文章を読み、我が国の言語文化に対する理解を深めること、生涯にわたって読書に親しむ態度を育てることなどをねらいとしています。

現行の「現代文Ｂ」(4単位)は、平成11(1999)年版学習指導要領の「現代文」の内容を改善した選択科目です。近代以降の文章を的確に理解する能力と適切に表現する能力とを高めることを目標に明示し、「国語総合」の総合的な言語能力を育成する科目としての性格を発展させた科目です。

新学習指導要領の「論理国語」(4単位)は、今日のグローバル化社会に対応するため、他者の主張や考えを的確に理解するとともに、自らの主張や考えについても論拠に基づき効果的に構築する資質・能力を育成するために新たにおいた選択科目です。この点が現行の「現代文Ａ・Ｂ」と大きく異なります。「思考力・判断力・表現力等」の創造的・論理的思考力を育成する科目として、実社会において必要となる、論理的に書いたり批判的に読んだりする資質・能力の育成を図ることを目的としています。授業時数は、【書くこと】50～60単位時間程度、【読むこと】80～90単位時間程度となっています。

「文学国語」(4単位)での文学は、人々の心の機微を描き、日常の世界を見つめ直す契機として、文化を築くうえでの重要な役割を果たしています。文学作品は、豊かな感性や情緒を備え、幅広い知識や教養をもち、思考力、判断力、表現力等を身につけ文化の継承と創造に欠くことのできないものです。そこでの深い共感や豊かな想像は、書く・読むの資質・能力の育成にもつながります。授業時数は、【書くこと】30～40単位時間程度、【読むこと】100～110単位時間程度となっています。

Q.11 「国語表現」は、３単位から４単位になりましたが、学習内容は今までどおりと考えてかまいませんか。

現行の「国語表現」(3 単位)は、国語で適切かつ効果的に表現する能力を育成し、伝え合う力を高めるとともに、思考力や想像力を伸ばし、国語の向上や社会生活の充実を図る態度を育成することなどをねらいとした選択科目です。そのため、「国語表現」では、話題や題材について考え、判断したことを、国語で適切かつ効果的に表現する能力の育成、思考力や想像力を伸ばし言語感覚を磨き進んで表現することによって、国語の向上や社会生活の充実を図る態度を育成することを重視しています。

一方、新学習指導要領の「国語表現」(4 単位)は、共通必履修科目「現代の国語」及び「言語文化」を引き継ぎ、主として「思考力・判断力・表現力等」の「他者とのコミュニケーションの側面の力」を育成する選択科目です。さらに、表現の特徴や効果を理解したうえで自分の思いや考えをまとめ、適切かつ効果的に表現して他者と伝え合う能力を育成することをねらいとしています。そのことにより、自己と他者との思いや考えを受け止めたり引き出したりするとともに、その違いについても認識できるよう、互いの感じ方や考え方の違いについても尊重しながら交流を図ることも求められています。

また、インターネット環境が、AI(人工知能)の発達とともに、急速に変わる時代を迎えています。これまでに出会ったことのない文化的・社会的背景をもつ他者との関わりも多くなることも予想されます。さらに、SNS 等の普及により、自分の書いたものが、自分の知らないところで他者と関わりをもつことも予測されます。そのためこれからの時代、自分が表現したものが、自分の予想している範囲のみではなく拡散することもあります。こうした中で、国語科における表現力の育成が、これまで以上に求められる時代になったといえましょう。

授業時数は、【話すこと・聞くこと】40 ～ 50 単位時間程度、【書くこと】90 ～ 100 単位時間程度となっています。

Q.12 現行の「古典Ｂ」と新設の「古典探究」は指導内容が同じだと考えてよいのですか。違いはありますか。

現行の「古典Ｂ」(4単位)は、古典としての古文と漢文を読む能力を育成するとともに、伝統を継承しつつ新たな文化を創造していくために、ものの見方、感じ方、考え方を広くし、古典についての理解や関心を深めることをねらいとした選択科目です。古典を読んで思想や感情を的確に捉え、ものの見方、感じ方、考え方を豊かにすること、古典を読み味わい作品の価値について考察することなどを重視し、古典を通して人生を豊かにする態度を育成することをねらいとしています。

教材は、古文及び漢文の両方をある程度幅広く取り上げるものとし、一方に偏らないようにしつつ、言語文化の変遷についての理解に資するものを取り上げることとし、我が国の文化の特質、我が国の文化と中国の文化との関係などについて考えるため、必要に応じて古典についての評論文などを用いることができるようになっています。さらに、「古典Ｂ」の指導は、生涯にわたって古典を主体的に学ぶ基礎を培うという重要な役割も担っています。

一方、新設の「古典探究」(4単位)では、文化と深く結びついた古典を、その継承だけではなく、創造にも寄与するため、教養としての古典の価値を再認識し、自己の在り方や生き方を見つめ直すことが重要となります。古典を主体的に読み深めることを通して、伝統と文化の基盤としての古典の重要性を理解し、古典の意義や価値について探究する選択科目として設定しています。したがって、「古典探究」は、現行の「古典Ｂ」との関連をふまえつつ、生涯にわたって古典に親しみ、自己を向上させることを目標としています。

また、「古典探究」の言語活動例は、さまざまな言語活動を通して国語としての資質・能力を身につけるように、具体的な活動が示されています。

なお、「古典探究」については、1領域のため授業時数は示されていません。

Q.13　中学校国語科とのつながりでは、何をどのようにおさえておけばよいですか。ポイントを教えてください。

新学習指導要領では、小学校国語から中学校国語、さらに高等学校国語まで、系統化が図られています。既に発行されている小学校学習指導要領解説国語編と中学校学習指導要領解説国語編には、巻末に〔知識及び技能〕と〔思考力、判断力、表現力等〕の資質・能力を明示した系統表が示されています。ぜひ系統表を見て、つながりを確認してください。

知識・技能	思考・判断・表現	主体的に学習に取り組む態度
(1) 言葉の特徴や使い方に関する事項 言葉の働き／話し言葉と書き言葉／漢字／語彙／文や文章／言葉遣い／表現の技法／音読，朗読 (2) 情報の扱い方に関する事項 情報と情報との関係／情報の整理 (3) 我が国の言語文化に関する事項 伝統的な言語文化／言葉の由来や変化／書写／読書	A　話すこと・聞くこと 【話すこと】 話題の設定／情報の収集／内容の検討／構成の検討／考えの形成／表現／共有 【聞くこと】 話題の設定／情報の収集／構造と内容の把握／精査・解釈／考えの形成／共有 【話し合うこと】 話題の設定／情報の収集／内容の検討／話合いの進め方の検討／考えの形成／共有 B　書くこと 題材の設定／情報の収集／内容の検討／構成の検討／考えの形成／記述／推敲／共有 C　読むこと 構造と内容の把握／精査・解釈／考えの形成／共有	単元の指導事項として、左記に選択して取り上げた〔知識・技能〕〔思考・判断・表現〕のうち、資質・能力の定着に密接に関係する重要な要素を「～しようとしたりしている。」として取り上げる。 (例)「主体的に知識・技能を身につけたり、思考・判断・表現をしようとしたりしている。」 (出典)「各教科等の評価の観点のイメージ（案）」平成28年3月14日　中央教育審議会初等中等教育分科会教育課程部会「総則・評価特別部会」配布資料

小学校、中学校では、上記の「知識・技能」「思考・判断・表現」に示されている内容項目が、それぞれの項目ごとに系統化されています。その一覧表が学習指導要領解説国語編の巻末に【教科の目標、各学年の目標及び内容の系統表】として掲載されているので、参考にしてください。（高校の系統は、本書 p.132「資料」参照。）

Q.14 「情報の扱い方」という事項が加わりましたが、何をすればよいのかよくわかりません。授業での取り上げ方を教えてください。

新学習指導要領では、情報の扱い方に関する事項を位置づけ、その指導の改善・充実を図ることを求めています。それは、これから急速に進展するグローバル社会や情報社会への対応、「受信→思考→発信」というReading Literacy（読解力）で求められている情報の扱い方のさらなる育成などをねらいとしているからです。

「現代の国語」における「情報の扱い方」については、以下のような内容の指導が求められています。

ア　主張と論拠など情報と情報との関係について理解すること。

イ　個別の情報と一般化された情報との関係について理解すること。

ウ　推論の仕方を理解し使うこと。

エ　情報の妥当性や信頼性の吟味の仕方について理解を深め使うこと。

オ　引用の仕方や出典の示し方、それらの必要性について理解を深め使うこと。

「論理国語」では、以下の「情報の扱い方」の指導が求められています。

ア　主張とその前提や反証など情報と情報との関係について理解を深めること。

イ　情報を重要度や抽象度などによって階層化して整理する方法について理解を深め使うこと。

ウ　推論の仕方について理解を深め使うこと。

上記の内容を、文章を読むことや書くことを対象とした国語の授業の中で、生徒に国語としての〔知識及び技能〕の資質・能力として育成することが重要です。これまでもこれらの内容の一部は、文章を読む中で育成してきましたが、時代が変化する中で、今日的な課題として、このような資質・能力の育成が特に重視されるようになってきているのです。

Q.15　言語活動例がとても具体的で豊富になりましたが、これらは全て扱うのですか。（特に「言語文化」の本歌取り・折句・外国語への翻訳や、「古典探究」の漢詩創作・往来物など）

言語活動の充実は、現行の学習指導要領でも重視されています。新学習指導要領でも、それを継承しています。ただ、今回示されている言語活動は、「記録、要約、説明、論述、話合い」となっており、現行の「討論」が「話合い」に変わりました。特に、高等学校において「討論」については、ディベートと受け止められることが多かったため、広い意味での「話合い」全体を言語活動の対象としています。

新学習指導要領においても、各学校の創意工夫が図られるよう、従前示していた言語活動例を、言語活動の種類ごとにまとめた形で各科目の〔思考力、判断力、表現力等〕の(2)に「(1)に示す事項については、例えば、次のような言語活動を通して指導するものとする。」として具体的に示しています。

言語活動例は、あくまで例ですので、学習指導要領に示されているもの全てを扱うということではありません。しかし、国語の資質･能力の育成を図る際には、「話すこと・聞くこと」、「書くこと」、「読むこと」の中で、常に言語活動がともないます。そのため、指導にあたっては、新学習指導要領に示された言語活動例を参考にし、指導事項との関連を十分図りながら、国語の資質・能力を育成するために必要な言語活動を、意図的・意識的に授業に取り入れることが求められています。

上記の質問で出されている「特に『言語文化』の本歌取り・折句・外国語への翻訳や、『古典探究』の漢詩創作・往来物など」は、対象となる言語材料の内容だけに意識を向けないことが必要です。例えば、「古典探究」の言語活動例「キ往来物や漢文の名句・名言などを読み、社会生活に役立つ知識の文例を集め、それらの現代における意義や価値などについて随筆などにまとめる活動。」というような、言葉を通じた理解や表現、及び、そこで用いられる言葉そのものを学習対象として、言葉への自覚を高めることが大切です。

Q.16 従来指定のなかった「読むこと」にも授業時数を配当したのはなぜですか。特に「現代の国語」での配当があまりにも少なすぎるのではないですか。

「現代の国語」の各領域の授業時数は、【話すこと・聞くこと】20 ～ 30 単位時間程度、【書くこと】30 ～ 40 単位時間程度、【読むこと】10 ～ 20 単位時間程度となっています。これは、言葉の学びとしての国語の時間で、国語としての資質・能力を育成するための３領域の言語活動を、「現代の国語」の科目の中で、全て学べるようにしたからです。

「現代の国語」は、共通必履修科目として、２単位で年間 70 時間の授業を行わなければなりません。その中で、〔思考力、判断力、表現力等〕を育成する３領域「話すこと・聞くこと」、「書くこと」、「読むこと」の授業の全てを行うことが求められています。

これまでの高等学校の国語の授業では、どちらかというと「読むこと」が中心に行われることが多く、「話すこと・聞くこと」や「書くこと」への意識が低調であった現状もあります。

そこで、「現代の国語」では、実社会における国語による諸活動の基盤となる資質・能力の育成を図らなければならないことから、「読むこと」だけでなく、「話すこと・聞くこと」や「書くこと」の資質・能力の育成を図ることに重点をおいて時間数が設定されました。

一方、「言語文化」は、各領域の授業時数として、【書くこと】５～ 10 単位時間程度、【読むこと】（古典）40 ～ 45 単位時間程度、（近代以降）20 単位時間程度となっており、ここでは【読むこと】の授業時数が多くなっています。

共通必履修科目として「現代の国語」と「言語文化」との両科目を合わせて、国語の基盤となる資質・能力の育成を図ることが重要となります。したがって、「現代の国語」では、言語能力として育成すべき３領域の内容を、バランスよく国語の教育課程として編成することが重要となります。

Q.17 現代の社会生活にも必要とされる「実用的な文章」とは何を指すのですか。想定される具体を示してください。また、指導のねらいは、どこにおけばよいですか。

「実用的な文章」は、国語の新科目では「現代の国語」、「論理国語」、「国語表現」で取り上げられています。これは、現行の学習指導要領にも示されており、新学習指導要領で新しく出てきたものではありません。

現行の学習指導要領の国語では、「国語総合」と「現代文Ｂ」で扱っています。学習指導要領解説国語編の「国語総合」の解説に「文章の『形態』とは、文学的な文章（詩歌、小説、随筆、戯曲など）、論理的な文章（説明、論説、評論など）、実用的な文章（記録、報告、報道、手紙など）のことを指す。」（p.24）とあります。

さらに、現行の学習指導要領「国語総合」の「(2)言語活動例」の解説には、「ウ　現代の社会生活で必要とされている実用的な文章を読んで内容を理解し、自分の考えをもって話し合うこと。」が取り上げられています。そこでは、「『実用的な文章』とは、一般的には、具体的な何かの目的やねらいを達するために書かれた文章である。それには、報道や広報の文章、案内、紹介、連絡、依頼などの文章や手紙のほか、会議や裁判などの記録、報告書、説明書、企画書、提案書などの実務的な文章、法律の条文、キャッチフレーズ、宣伝の文章などがある。また、インターネット上の様々な文章や電子メールの多くも、実用的な文章の一種と考えることができる。」（p.28）と示されており、ノンフィクションの文章を想定しています。

新学習指導要領でも、「実用的な文章」は、「読むこと」の教材としては、「現代の国語」、「論理国語」に〔思考力、判断力、表現力等〕を育成するための言語活動例と教材についての事項として取り上げられています。

また、「国語表現」では、〔知識及び技能〕(1)の「エ　実用的な文章などの種類や特徴、構成や展開の仕方などについて理解を深めること。」として、取り上げられています。

Q.18 古典に加えて、近代以降の小説も「言語文化」に含めた理由はなんですか。授業担当の配置が難しくなりそうなのですが。

「言語文化」は、上代(万葉集の歌が詠まれた時代)から近現代につながる我が国の言語文化への理解を深める科目として設定されました。

「言語文化」の〔知識及び技能〕では「伝統的な言語文化に関する理解」を中心としながら、それ以外の各事項も含み、〔思考力、判断力、表現力等〕では、国語の科目としての「言語文化」に求められる資質・能力を、総合的に育成することを目ざしています。

上記の質問に「授業担当の配置が難しくなりそう」とありますが、そもそも、古文・漢文と現代文とを分けて国語を学ぶことは、現行の「国語総合」においても求めていません。日本の言葉としての国語を総合的に学ぶために「国語総合」が作られたにもかかわらず、「読むこと」に傾斜し、しかも古文・漢文と現代文とに分けてしまうことで、国語としての言語の歴史的な経緯や文化としての文脈を切断してしまうことにもなりかねません。

文化が歴史の文脈の中に形成されてきたのと同様に、国語もまた歴史の文脈の中に存在しているといえるのです。だからこそ、古文・漢文と現代文とを分けて授業をするのではなく、現代において使われている国語の中で、古典で用いられてきた言葉が、継承されて残っていたり生きて働いていたりすることを学ぶためにも、古典に加えて、近代以降の小説も「言語文化」として学ぶことが重要となります。

国語の授業を担当するための教員免許状は、国語としての免許であり、古典と現代文とに分けた免許状ではありません。それは、古典と現代文とのつながりや継承のうえに、国語としての文化が存在しているからでもあります。国語の授業では、指導者が得意分野のみを行うことだけでは、授業として成立しなくなります。したがって、「読むこと」においては、古文・漢文と現代文をバランスよく指導する国語の授業が求められているのです。

Q.19 「語彙指導」がとても強調されていますが、今までの指導とは何かを変えなければならないのですか。

近年、子どもたちの語彙力が落ちてきていることは、OECD の 2015 年の PISA 調査によっても明らかにされています。子どもたちの語彙力の低下は、もはや学校の国語の授業のみでは対処できない状況にもなってきています。

このことは、文化としての言語環境が、時代とともに大きく変わってきたことにも関係があります。例えば、本や新聞や雑誌より、インターネット等のほうがさまざまな情報が手軽に入る状況からも、理解できると思います。このような言語に関わる環境と状況の変化の中で、語彙を習得する環境や状況も大きく変わってきているといえましょう。

語彙力は、習得した語彙の量と質とが問われます。それは、語彙の習得量が環境と大きく関わっているといっても言い過ぎではないと思います。教材を読み、解釈することを通して内容を理解するだけでは、語彙力の育成を図ることはできません。そこで、高等学校国語の全科目において、これまで以上に語彙指導の改善と充実を図ることが求めらます。

「現代の国語」では、実社会において理解したり表現したりするために必要な語句の習得と活用を図ることが求められます。

「言語文化」では、我が国の言語文化に特徴的な語句についての理解をとおし、言語文化の担い手として継承すべき語句等を学びます。

「論理国語」では、論証したり学術的な学習の基礎を学んだりするために必要な語句についての理解を深め、その活用を図ることが重要です。

「文学国語」では、情景の豊かさや心情の機微を表す語句の習得と獲得が求められます。

「国語表現」では、自分の思いや考えを多彩に表現するために必要な語句を使用できるようにすることが求められます。

「古典探究」では、古典に用いられている語句の理解と習得をとおし、語感を磨き語彙を豊かにすることが求められています。

Q.20 「話すこと・聞くこと」の指導は、「現代の国語」と「国語表現」だけで行えばよいのですか。選択で「国語表現」をとらない場合は、１年生での指導のみになってしまいますが。

新設の「現代の国語」では、「話すこと・聞くこと」の授業時数を20～30単位時間程度としています。これは、共通必履修科目としての「現代の国語」と「言語文化」とを合わせた4単位140時間の中で、国語の資質・能力を育成することを目標としているからです。

現行の「国語総合」では、「話すこと・聞くこと」を主とする指導を15～25単位時間程度としています。新学習指導要領での同じ必履修科目を比較してみると、今回新設された「現代の国語」での「話すこと・聞くこと」の授業時数は、現行よりも増えています。

一方、現行の「国語表現」では、「生徒の実態等に応じて、話すこと・聞くこと又は書くことのいずれかに重点を置いて指導することができる。」としており、「話すこと・聞くこと」の授業時数は、具体的に示されていません。また、「現代文B」でも、「総合的な言語能力を養うため、話すこと・聞くこと、書くこと及び読むことについて相互に密接な関連を図り、効果的に指導するようにする。」とあり、これも「話すこと・聞くこと」の授業時数は示されていません。

新学習指導要領の「国語表現」では、「話すこと・聞くこと」の指導は、40～50単位時間程度としており、現行よりも重視されていることが認められます。

これまで高等学校の国語の授業においては、「話すこと・聞くこと」の指導の充実が十分とはいえませんでした。共通必履修科目の「現代の国語」で、20～30単位時間をきちんと行うことにより、「話すこと・聞くこと」の指導を充実させることが可能となりました。

これらの「話すこと･聞くこと」の指導を確実に行い､その成果を各科目の「書くこと」や「読むこと」における発表や話合いなどの言語活動として生かしていくことが求められます。

Q.21 「古典探究」では「読むこと」以外の授業時数の配当はないのですか。

「古典探究」は、「言語文化」で育成された資質・能力のうち「伝統的な言語文化に対する理解」をより深めるため、ジャンルとしての古典を学習対象とする選択科目として設定されました。

そのため「古典探究」では、「古典を主体的に読み深めることを通して、自分と自分を取り巻く社会にとっての古典の意義や価値について探究する科目として、主に古文・漢文を教材に、『伝統的な言語文化に関する理解』を深めることを重視するとともに、『思考力・判断力・表現力等』を育成する。」(「中教審答申」平成 28 年 12 月)ことが主眼となります。

「古典探究」では、古典を主体的に読み深めることを通して伝統と文化の基盤としての古典の重要性を理解し、自分と自分を取り巻く社会にとっての古典の意義や価値について探究することが重要です。

「古典探究」の位置づけとしては､共通必履修科目の「言語文化」の内容を受け、その〔知識及び技能〕と〔思考力、判断力、表現力等〕の「B 読むこと」の内容を発展させたものです。

この「古典探究」では、古典などを読んで、我が国の伝統的な言語文化に対する理解を深めたり、先人のものの見方、感じ方、考え方との関わりの中で伝え合う力を高めたり、生涯にわたって古典に親しみ自己を向上させたりすることをねらいとしています。

そのため､「古典探究」では、さまざまな言語活動を通して国語の資質・能力を身につけることができるよう､〔知識及び技能〕においては、⑴言葉の特徴や使い方に関する事項、⑵我が国の言語文化に関する事項､〔思考力、判断力、表現力等〕においては､「読むこと」の領域から内容を構成して、その充実を図っています。したがって、この「古典探究」では、古典を「読むこと」に焦点をあて、その指導を重視しているのです。

Q.22 「古典における論理的な文章」とは、具体的に何を指すのですか。また、「我が国の伝統と文化に関する近代以降の論理的な文章」とはどのようなものを指すのですか。

論理的な文章という用語は、「言語文化」の「B 読むこと」の「内容の取扱い」で、「我が国の伝統と文化に関する近代以降の論理的な文章」として取り上げられています。

また、新学習指導要領国語で「論理的」という言葉は、中学校国語の２年生に〔思考力、判断力、表現力等〕の指導事項として初見されます。これは、中学校国語３年生でも見られ、系統的に学ぶことを目ざして、さらに高等学校の「言語文化」に引き継がれています。

「古典探究」の「3 内容の取扱い」の教材についての留意事項には、「ア 内容の〔思考力、判断力、表現力等〕の『A 読むこと』の教材は、古典としての古文及び漢文とし、日本漢文を含めるとともに、論理的に考える力を伸ばすよう、古典における論理的な文章を取り上げること。」と「論理的な文章」について示されています。

「古典における論理的な文章」とは、文章の形態としてのジャンルからみたもので、説明、論説、評論などです。

このような古典における論理的な文章には、例えば、紀貫之『古今和歌集仮名序』、『無名草子』、世阿弥『風姿花伝』、鴨長明『無名抄』、服部土芳『三冊子』、向井去来『去来抄』、本居宣長『玉勝間』など歌論や俳論、物語論、漢文の思想等があります。

また、「我が国の伝統と文化に関する近代以降の論理的な文章」では、一定のテーマに基づいた歴史論、文化論、文芸論、古典論などの評論、古典について解説をした文章等を指し、これらを読むことで、我が国の伝統や文化について幅広い角度や観点から考え、親しむことが求められています。それは、言語文化を積極的に享受し、社会や自分との関わりの中で、我が国の伝統と文化について考えることを重視しようとしているからでもあります。

Q.23 選択科目が全て４単位で教育課程が組みにくいのですが、想定される標準カリキュラムのようなものはありますか。また、カリキュラム・マネジメントは、どのように行っていけばよいですか。

選択科目の４単位を、２以上の年次にわたって分割して履修する場合もあると思います。２以上の年次にわたって分割履修する場合には、原則として、年次ごとに当該各教科・科目について履修した単位を修得したことを認定することとなります。その場合、それぞれの年次では、当該各教科・科目の一部の単位数を修得できるにとどまり、全部の単位数を修得することによってはじめて当該各教科・科目を修得したこととなります。

各高等学校では、各学校が学校目標としている教育内容に沿い、各学校の生徒の実態に合わせ、カリキュラム（教育課程）の編成を行うことが重要になります。したがって、上記の質問として尋ねられているような「想定される標準カリキュラム」はありません。各学校には、生徒の実態に合った教育課程の編成が求められています。そこで、各高等学校におけるカリキュラム・マネジメントが重要になります。カリキュラム・マネジメントは、学校の設立目標や設置の理念に基づき、各学校で生徒の実態に合わせて、育成すべき資質・能力を明確にするために作成するものです。

既に、カリキュラム・マネジメントとして、学校の特色や特徴を明示するために、グランドデザインを作成している高等学校もあります。このグランドデザインをもとに、各学年や各教科等のグランドデザインを作成することがとても重要になります。

国語科の授業は、教科書の目次順に行われることが多いのではないでしょうか。それでは、教科書に合わせた教育課程の編成になってしまい、生徒の実態と異なることにもなりかねません。そこで、学習指導要領の内容を、自校の生徒の実態に合わせた教育課程として編成することが求められているのです。

Q.24 これからの評価でのポイントはなんですか。また、観点別学習状況の評価や評価のあり方について教えてください。

観点別学習状況の評価は、目標に準拠した評価として、高等学校では平成16(2004)年度から既に導入されています。

目標に準拠した評価の「目標」とは、学習指導要領に示された「1 目標」の具体としての「2 内容」を指します。高等学校では、これをもとにして、各学校の生徒の実態に合わせて各科目の単位の履修を行うために、教育課程に各科目の「目標」を位置づけて、科目ごとに設定する必要があります。

現行の学習指導要領での目標に準拠した評価は、評価の観点を「関心・意欲・態度」「思考・判断」「技能」「知識・理解」の4観点で行ってきましたが、新学習指導要領においては、平成19(2007)年6月に示された学校教育法第30条第2項の学力の重要な三つの要素である「知識・技能」「思考力・判断力・表現力」「主体的に学習に取り組む態度」の3観点とする方向で検討されています。

観点別学習状況の評価は、生徒が行うさまざまな学習を上記3つの観点から評価することを求めています。これまでの評価は、学んだことの理解をみるために、ペーパーテストによって見取ることが多く行われてきました。しかし、ペーパーテストでは、学んだことの再生の正確性や知識の習得量をみることを主としており、それ以外の資質・能力の育成が求められる今日、ペーパーテストだけで評価するには、内容に不足が生まれている状況になっています。

ペーパーテスト等でこれまで行われてきた評価は、生徒に序列をつけるためには機能してきました。しかし、これからの時代に求められる評価では、一人一人の生徒のよさをいかに認め、いかに伸ばすかということが重要となります。また、評価は結果としてのものではなく、生徒一人一人の資質・能力を伸ばし、育成するために機能するものだという考えに、評価観そのものが転換をしています。

資 料

国語科各科目の目標及び内容の系統表

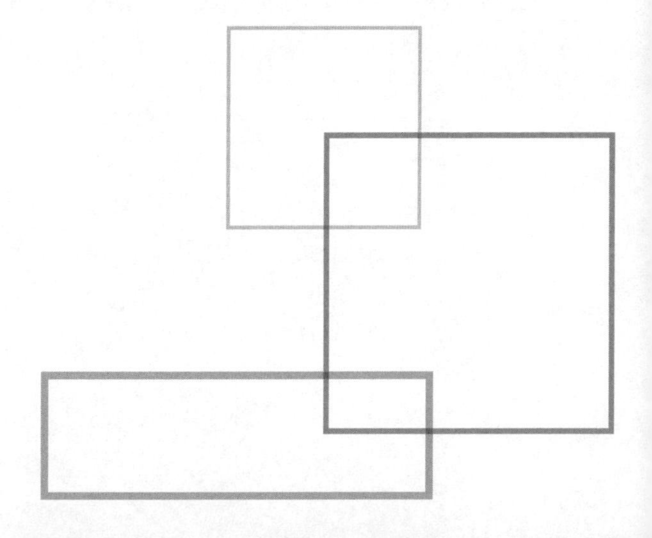

国語科の教科目標・科目目標

			現代の国語	言語文化	論理国語
目標	教科目標		言葉による見方・考え方を働かせ，言語活動を通して，国語で的確に理解し効果的に		
		「知識及び技能」	(1)生涯にわたる社会生活に必要な国語について，その特質を理解し適切に使うことが		
		「思考力，判断力，表現力等」	(2)生涯にわたる社会生活における他者との関わりの中で伝え合う力を高め，思考力や		
		「学びに向かう力，人間性等」	(3)言葉のもつ価値への認識を深めるとともに，言語感覚を磨き，我が国の言語文化の を養う。		
	科目目標		言葉による見方・考え方を働かせ，言語活動を通して，国語で的確に理解し効果的に		
		「知識及び技能」	(1)実社会に必要な国語の知識や技能を身に付けるようにする。	(1)生涯にわたる社会生活に必要な国語の知識や技能を身に付けるとともに，我が国の言語文化に対する理解を深めることができるようにする。	(1)実社会に必要な国語の知識や技能を身に付けるようにする。
		「思考力，判断力，表現力等」	(2)論理的に考える力や深く共感したり豊かに想像したりする力を伸ばし，他者との関わりの中で伝え合う力を高め，自分の思いや考えを広げたり深めたりすることができるようにする。	(2)論理的に考える力や深く共感したり豊かに想像したりする力を伸ばし，他者との関わりの中で伝え合う力を高め，自分の思いや考えを広げたり深めたりすることができるようにする。	(2)論理的，批判的に考える力を伸ばすとともに，創造的に考える力を養い，他者との関わりの中で伝え合う力を高め，自分の思いや考えを広げたり深めたりすることができるようにする。
		「学びに向かう力，人間性等」	(3)言葉がもつ価値への認識を深めるとともに，生涯にわたって読書に親しみ自己を向上させ，我が国の言語文化の担い手としての自覚をもち，言葉を通して他者や社会に関わろうとする態度を養う。	(3)言葉がもつ価値への認識を深めるとともに，生涯にわたって読書に親しみ自己を向上させ，我が国の言語文化の担い手としての自覚をもち，言葉を通して他者や社会に関わろうとする態度を養う。	(3)言葉がもつ価値への認識を深めるとともに，生涯にわたって読書に親しみ自己を向上させ，我が国の言語文化の担い手としての自覚を深め，言葉を通して他者や社会に関わろうとする態度を養う。

※この系統表は、文部科学省が示したものを踏まえ、三省堂編集部が作成したものです。

文学国語	国語表現	古典探究
表現する資質・能力を次のとおり育成することを目指す。		
できるようにする。		
想像力を伸ばす。		
担い手としての自覚をもち，生涯にわたり国語を尊重してその能力の向上を図る態度		
表現する資質・能力を次のとおり育成することを目指す。		
(1)生涯にわたる社会生活に必要な国語の知識や技能を身に付けるとともに，我が国の言語文化に対する理解を深めることができるようにする。	(1)実社会に必要な国語の知識や技能を身に付けるようにする。	(1)生涯にわたる社会生活に必要な国語の知識や技能を身に付けるとともに，我が国の伝統的な言語文化に対する理解を深めることができるようにする。
(2)深く共感したり豊かに想像したりする力を伸ばすとともに，創造的に考える力を養い，他者との関わりの中で伝え合う力を高め，自分の思いや考えを広げたり深めたりすることができるようにする。	(2)論理的に考える力や深く共感したり豊かに想像したりする力を伸ばし，実社会における他者との多様な関わりの中で伝え合う力を高め，自分の思いや考えを広げたり深めたりすることができるようにする。	(2)論理的に考える力や深く共感したり豊かに想像したりする力を伸ばし，古典などを通した先人のものの見方，感じ方，考え方との関わりの中で伝え合う力を高め，自分の思いや考えを広げたり深めたりすることができるようにする。
(3)言葉がもつ価値への認識を深めるとともに，生涯にわたって読書に親しみ自己を向上させ，我が国の言語文化の担い手としての自覚を深め，言葉を通して他者や社会に関わろうとする態度を養う。	(3)言葉がもつ価値への認識を深めるとともに，生涯にわたって読書に親しみ自己を向上させ，我が国の言語文化の担い手としての自覚を深め，言葉を通して他者や社会に関わろうとする態度を養う。	(3)言葉がもつ価値への認識を深めるとともに，生涯にわたって古典に親しみ自己を向上させ，我が国の言語文化の担い手としての自覚を深め，言葉を通して他者や社会に関わろうとする態度を養う。

国語科各科目の内容の系統

			現代の国語	言語文化	論理国語
〔知識及び技能〕	(1)言葉の特徴や使い方に関する事項	(1)言葉の特徴や使い方に関する次の事項を身に付けることができるよう指導する。			
		言葉の働き	ア　言葉には，認識や思考を支える働きがあることを理解すること。	ア　言葉には，文化の継承，発展，創造を支える働きがあることを理解すること。	ア　言葉には，言葉そのものを認識したり説明したりすることを可能にする働きがあることを理解すること。
		話し言葉と書き言葉	イ　話し言葉と書き言葉の特徴や役割，表現の特色を踏まえ，正確さ，分かりやすさ，適切さ，敬意と親しさなどに配慮した表現や言葉遣いについて理解し，使うこと。		
		漢字	ウ　常用漢字の読みに慣れ，主な常用漢字を書き，文や文章の中で使うこと。	イ　常用漢字の読みに慣れ，主な常用漢字を書き，文や文章の中で使うこと。	
		語彙	エ　実社会において理解したり表現したりするために必要な語句の量を増すとともに，語句や語彙の構造や特色，用法及び表記の仕方などを理解し，話や文章の中で使うことを通して，語感を磨き語彙を豊かにすること。	ウ　我が国の言語文化に特徴的な語句の量を増し，それらの文化的背景について理解を深め，文章の中で使うことを通して，語感を磨き語彙を豊かにすること。	イ　論証したり学術的な学習の基礎を学んだりするために必要な語句の量を増し，文章の中で使うことを通して，語感を磨き語彙を豊かにすること。
		文や文章	オ　文，話，文章の効果的な組立て方や接続の仕方について理解すること。	エ　文章の意味は，文脈の中で形成されることを理解すること。	ウ　文や文章の効果的な組立て方や接続の仕方について理解を深めること。 エ　文章の種類に基づく効果的な段落の構造や論の形式など，文章の構成や展開の仕方について理解を深めること。
		言葉遣い	【再掲】 イ　話し言葉と書き言葉の特徴や役割，表現の特色を踏まえ，正確さ，分かりやすさ，適切さ，敬意と親しさなどに配慮した表現や言葉遣いについて理解し，使うこと。		
		表現の技法	カ　比喩，例示，言い換えなどの修辞や，直接的な述べ方や婉曲的な述べ方について理解し使うこと。	オ　本歌取りや見立てなどの我が国の言語文化に特徴的な表現の技法とその効果について理解すること。	

			文学国語	国語表現	古典探究
〔知識及び技能〕	(1) 言葉の特徴や使い方に関する事項	(1)言葉の特徴や使い方に関する次の事項を身に付けることができるよう指導する。			
		言葉の働き	ア　言葉には，想像や心情を豊かにする働きがあることを理解すること。	ア　言葉には，自己と他者の相互理解を深める働きがあることを理解すること。	
		話し言葉と書き言葉		イ　話し言葉と書き言葉の特徴や役割，表現の特色について理解を深め，伝え合う目的や場面，相手，手段に応じた適切な表現や言葉遣いを理解し，使い分けること。	
		漢字			
		語彙	イ　情景の豊かさや心情の機微を表す語句の量を増し，文章の中で使うことを通して，語感を磨き語彙を豊かにすること。	ウ　自分の思いや考えを多彩に表現するために必要な語句の量を増し，話や文章の中で使うことを通して，語感を磨き語彙を豊かにすること。	ア　古典に用いられている語句の意味や用法を理解し，古典を読むために必要な語句の量を増すことを通して，語感を磨き語彙を豊かにすること。
		文や文章	ウ　文学的な文章やそれに関する文章の種類や特徴などについて理解を深めること。	エ　実用的な文章などの種類や特徴，構成や展開の仕方などについて理解を深めること。	イ　古典の作品や文章の種類とその特徴について理解を深めること。 ウ　古典の文の成分の順序や照応，文章の構成や展開の仕方について理解を深めること。
		言葉遣い		【再掲】 イ　話し言葉と書き言葉の特徴や役割，表現の特色について理解を深め，伝え合う目的や場面，相手，手段に応じた適切な表現や言葉遣いを理解し，使い分けること。	
		表現の技法	エ　文学的な文章における文体の特徴や修辞などの表現の技法について，体系的に理解し使うこと。	オ　省略や反復などの表現の技法について理解を深め使うこと。	エ　古典の作品や文章に表れている，言葉の響きやリズム，修辞などの表現の特色について理解を深めること。

			現代の国語	言語文化	論理国語
〔知識及び技能〕	(2)情報の扱い方に関する事項	(2)話や文章に含まれている情報の扱い方に関する次の事項を身に付けることができるよう指導する。			
〔知識及び技能〕	(2)情報の扱い方に関する事項	情報と情報との関係	ア　主張と論拠など情報と情報との関係について理解すること。 イ　個別の情報と一般化された情報との関係について理解すること。		ア　主張とその前提や反証など情報と情報との関係について理解を深めること。
〔知識及び技能〕	(2)情報の扱い方に関する事項	情報の整理	ウ　推論の仕方を理解し使うこと。 エ　情報の妥当性や信頼性の吟味の仕方について理解を深め使うこと。 オ　引用の仕方や出典の示し方，それらの必要性について理解を深め使うこと。		イ　情報を重要度や抽象度などによって階層化して整理する方法について理解を深め使うこと。 ウ　推論の仕方について理解を深め使うこと。
〔知識及び技能〕	(3)我が国の言語文化に関する事項	(3)我が国の言語文化に関する次の事項を身に付けることができるよう指導する。			
〔知識及び技能〕	(3)我が国の言語文化に関する事項	伝統的な言語文化		ア　我が国の言語文化の特質や我が国の文化と外国の文化との関係について理解すること。 イ　古典の世界に親しむために，作品や文章の歴史的・文化的背景などを理解すること。 ウ　古典の世界に親しむために，古典を読むために必要な文語のきまりや訓読のきまり，古典特有の表現などについて理解すること。	
〔知識及び技能〕	(3)我が国の言語文化に関する事項	言葉の由来や変化，多様性		エ　時間の経過や地域の文化的特徴などによる文字や言葉の変化について理解を深め，古典の言葉と現代の言葉とのつながりについて理解すること。 オ　言文一致体や和漢混交文など歴史的な文体の変化について理解を深めること。	
〔知識及び技能〕	(3)我が国の言語文化に関する事項	読書	ア　実社会との関わりを考えるための読書の意義と効用について理解を深めること。	カ　我が国の言語文化への理解につながる読書の意義と効用について理解を深めること。	ア　新たな考えの構築に資する読書の意義と効用について理解を深めること。

			文学国語	国語表現	古典探究
〔知識及び技能〕	(2) 情報の扱い方に関する事項	(2)話や文章に含まれている情報の扱い方に関する次の事項を身に付けることができるよう指導する。			
		情報と情報との関係			
		情報の整理			
	(3) 我が国の言語文化に関する事項	(3)我が国の言語文化に関する次の事項を身に付けることができるよう指導する。			
		伝統的な言語文化	ア　文学的な文章を読むことを通して，我が国の言語文化の特質について理解を深めること。		ア　古典などを読むことを通して，我が国の文化の特質や，我が国の文化と中国など外国の文化との関係について理解を深めること。 イ　古典を読むために必要な文語のきまりや訓読のきまりについて理解を深めること。
		言葉の由来や変化，多様性			ウ　時間の経過による言葉の変化や，古典が現代の言葉の成り立ちにもたらした影響について理解を深めること。
		読書	イ　人間，社会，自然などに対するものの見方，感じ方，考え方を豊かにする読書の意義と効用について理解を深めること。	ア　自分の思いや考えを伝える際の言語表現を豊かにする読書の意義と効用について理解を深めること。	エ　先人のものの見方，感じ方，考え方に親しみ，自分のものの見方，感じ方，考え方を豊かにする読書の意義と効用について理解を深めること。

				現代の国語	言語文化	論理国語
〈思考力，判断力，表現力等〉	話すこと・聞くこと	(1)話すこと・聞くことに関する次の事項を身に付けることができるよう指導する。				
		話すこと	話題の設定	ア　目的や場に応じて，実社会の中から適切な話題を決め，様々な観点から情報を収集，整理して，伝え合う内容を検討すること。		
			情報の収集			
			内容の検討			
			構成の検討	イ　自分の考えが的確に伝わるよう，自分の立場や考えを明確にするとともに，相手の反応を予想して論理の展開を考えるなど，話の構成や展開を工夫すること。		
			考えの形成			
			表現	ウ　話し言葉の特徴を踏まえて話したり，場の状況に応じて資料や機器を効果的に用いたりするなど，相手の理解が得られるように表現を工夫すること。		
			共有			
		聞くこと	話題の設定	【再掲】 ア　目的や場に応じて，実社会の中から適切な話題を決め，様々な観点から情報を収集，整理して，伝え合う内容を検討すること。		
			情報の収集			
			構造と内容の把握	エ　論理の展開を予想しながら聞き，話の内容や構成，論理の展開，表現の仕方を評価するとともに，聞き取った情報を整理して自分の考えを広げたり深めたりすること。		
			精査・解釈			
			考えの形成			
			共有			

			文学国語	国語表現	古典探究
〔思考力，判断力，表現力等〕	話すこと・聞くこと	(1)話すこと・聞くことに関する次の事項を身に付けることができるよう指導する。			
	話すこと	話題の設定		ア　目的や場に応じて，実社会の問題や自分に関わる事柄の中から話題を決め，他者との多様な交流を想定しながら情報を収集，整理して，伝え合う内容を検討すること。	
		情報の収集			
		内容の検討			
		構成の検討		イ　自分の主張の合理性が伝わるよう，適切な根拠を効果的に用いるとともに，相手の反論を想定して論理の展開を考えるなど，話の構成や展開を工夫すること。 ウ　自分の思いや考えが伝わるよう，具体例を効果的に配置するなど，話の構成や展開を工夫すること。	
		考えの形成			
		表現		エ　相手の反応に応じて言葉を選んだり，場の状況に応じて資料や機器を効果的に用いたりするなど，相手の同意や共感が得られるように表現を工夫すること。	
		共有			
	聞くこと	話題の設定		【再掲】 ア　目的や場に応じて，実社会の問題や自分に関わる事柄の中から話題を決め，他者との多様な交流を想定しながら情報を収集，整理して，伝え合う内容を検討すること。	
		情報の収集			
		構造と内容の把握		オ　論点を明確にして自分の考えと比較しながら聞き，話の内容や構成，論理の展開，表現の仕方を評価するとともに，聞き取った情報を吟味して自分の考えを広げたり深めたりすること。 カ　視点を明確にして聞きながら，話の内容に対する共感を伝えたり，相手の思いや考えを引き出したりする工夫をして，自分の思いや考えを広げたり深めたりすること。	
		精査・解釈			
		考えの形成			
		共有			

<table>
<tr><th colspan="4"></th><th>現代の国語</th><th>言語文化</th><th>論理国語</th></tr>
<tr><td rowspan="11">〔思考力，判断力，表現力等〕</td><td rowspan="11">話すこと・聞くこと</td><td rowspan="6">話し合うこと</td><td>話題の設定</td><td rowspan="3">【再掲】
ア　目的や場に応じて，実社会の中から適切な話題を決め，様々な観点から情報を収集，整理して，伝え合う内容を検討すること。</td><td rowspan="3"></td><td rowspan="3"></td></tr>
<tr><td>情報の収集</td></tr>
<tr><td>内容の検討</td></tr>
<tr><td>話合いの進め方の検討</td><td rowspan="3">オ　論点を共有し，考えを広げたり深めたりしながら，話合いの目的，種類，状況に応じて，表現や進行など話合いの仕方や結論の出し方を工夫すること。</td><td rowspan="3"></td><td rowspan="3"></td></tr>
<tr><td>考えの形成</td></tr>
<tr><td>共有</td></tr>
<tr><td colspan="5">(2) (1)に示す事項については，例えば，次のような言語活動を通して指導するものとする。</td></tr>
<tr><td rowspan="4">言語活動例</td><td>話したり聞いたりする活動</td><td>ア　自分の考えについてスピーチをしたり，それを聞いて，同意したり，質問したり，論拠を示して反論したりする活動。

イ　報告や連絡，案内などのために，資料に基づいて必要な事柄を話したり，それらを聞いて，質問したり批評したりする活動。</td><td></td><td></td></tr>
<tr><td>話し合う活動</td><td>ウ　話合いの目的に応じて結論を得たり，多様な考えを引き出したりするための議論や討論を，他の議論や討論の記録などを参考にしながら行う活動。</td><td></td><td></td></tr>
<tr><td>情報を活用する活動</td><td>エ　集めた情報を資料にまとめ，聴衆に対して発表する活動。</td><td></td><td></td></tr>
<tr><td colspan="3" style="display:none"></td></tr>
<tr><td colspan="4">授業時数</td><td>20～30 単位時間程度</td><td></td><td></td></tr>
</table>

<table>
<tr><th colspan="4"></th><th>文学国語</th><th>国語表現</th><th>古典探究</th></tr>
<tr><td rowspan="13">〔思考力，判断力，表現力等〕</td><td rowspan="13">話すこと・聞くこと</td><td rowspan="6">話し合うこと</td><td>話題の設定</td><td rowspan="3"></td><td rowspan="3">【再掲】
ア　目的や場に応じて，実社会の問題や自分に関わる事柄の中から話題を決め，他者との多様な交流を想定しながら情報を収集，整理して，伝え合う内容を検討すること。</td><td rowspan="3"></td></tr>
<tr><td>情報の収集</td></tr>
<tr><td>内容の検討</td></tr>
<tr><td>話合いの
進め方の検討</td><td rowspan="3"></td><td rowspan="3">キ　互いの主張や論拠を吟味したり，話合いの進行や展開を助けたりするために発言を工夫するなど，考えを広げたり深めたりしながら，話合いの仕方や結論の出し方を工夫すること。</td><td rowspan="3"></td></tr>
<tr><td>考えの形成</td></tr>
<tr><td>共有</td></tr>
<tr><td colspan="5">(2) (1)に示す事項については，例えば，次のような言語活動を通して指導するものとする。</td></tr>
<tr><td rowspan="6">言語活動例</td><td rowspan="3">話したり
聞いたり
する活動</td><td rowspan="3"></td><td>ア　聴衆に対してスピーチをしたり，面接の場で自分のことを伝えたり，それらを聞いて批評したりする活動。</td><td rowspan="3"></td></tr>
<tr><td>イ　他者に連絡したり，紹介や依頼などをするために話をしたり，それらを聞いて批評したりする活動。</td></tr>
<tr><td>ウ　異なる世代の人や初対面の人にインタビューをしたり，報道や記録の映像などを見たり聞いたりしたことをまとめて，発表する活動。</td></tr>
<tr><td>話し合う活動</td><td></td><td>エ　話合いの目的に応じて結論を得たり，多様な考えを引き出したりするための議論や討論を行い，その記録を基に話合いの仕方や結論の出し方について批評する活動。</td><td></td></tr>
<tr><td>情報を
活用する活動</td><td></td><td>オ　設定した題材について調べたことを，図表や画像なども用いながら発表資料にまとめ，聴衆に対して説明する活動。</td><td></td></tr>
<tr><td colspan="2"></td><td></td></tr>
<tr><td colspan="4">授業時数</td><td></td><td>40～50単位時間程度</td><td></td></tr>
</table>

<table>
<tr><th colspan="3"></th><th>現代の国語</th><th>言語文化</th><th>論理国語</th></tr>
<tr><td rowspan="10">〈思考力，判断力，表現力等〉</td><td rowspan="10">書くこと</td><td colspan="4">(1)書くことに関する次の事項を身に付けることができるよう指導する。</td></tr>
<tr><td>題材の設定</td><td rowspan="3">ア　目的や意図に応じて，実社会の中から適切な題材を決め，集めた情報の妥当性や信頼性を吟味して，伝えたいことを明確にすること。</td><td rowspan="3">ア　自分の知識や体験の中から適切な題材を決め，集めた材料のよさや味わいを吟味して，表現したいことを明確にすること。</td><td>ア　実社会や学術的な学習の基礎に関する事柄について，書き手の立場や論点などの様々な観点から情報を収集，整理して，目的や意図に応じた適切な題材を決めること。</td></tr>
<tr><td>情報の収集</td><td rowspan="2">イ　情報の妥当性や信頼性を吟味しながら，自分の立場や論点を明確にして，主張を支える適切な根拠をそろえること。</td></tr>
<tr><td>内容の検討</td></tr>
<tr><td>構成の検討</td><td rowspan="3">イ　読み手の理解が得られるよう，論理の展開，情報の分量や重要度などを考えて，文章の構成や展開を工夫すること。

ウ　自分の考えや事柄が的確に伝わるよう，根拠の示し方や説明の仕方を考えるとともに，文章の種類や，文体，語句などの表現の仕方を工夫すること。</td><td rowspan="5">イ　自分の体験や思いが効果的に伝わるよう，文章の種類，構成，展開や，文体，描写，語句などの表現の仕方を工夫すること。</td><td>ウ　立場の異なる読み手を説得するために，批判的に読まれることを想定して，効果的な文章の構成や論理の展開を工夫すること。</td></tr>
<tr><td>考えの形成</td><td rowspan="2">エ　多面的・多角的な視点から自分の考えを見直したり，根拠や論拠の吟味を重ねたりして，主張を明確にすること。

オ　個々の文の表現の仕方や段落の構造を吟味するなど，文章全体の論理の明晰さを確かめ，自分の主張が的確に伝わる文章になるよう工夫すること。</td></tr>
<tr><td>記述</td></tr>
<tr><td>推敲</td><td rowspan="2">エ　目的や意図に応じて書かれているかなどを確かめて，文章全体を整えたり，読み手からの助言などを踏まえて，自分の文章の特長や課題を捉え直したりすること。</td><td rowspan="2">カ　文章の構成や展開，表現の仕方などについて，自分の主張が的確に伝わるように書かれているかなどを吟味して，文章全体を整えたり，読み手からの助言などを踏まえて，自分の文章の特長や課題を捉え直したりすること。</td></tr>
<tr><td>共有</td></tr>
</table>

<table>
<tr><th colspan="3"></th><th>文学国語</th><th>国語表現</th><th>古典探究</th></tr>
<tr><td rowspan="10">〔思考力，判断力，表現力等〕</td><td rowspan="10">書くこと</td><td colspan="4">(1)書くことに関する次の事項を身に付けることができるよう指導する。</td></tr>
<tr><td>題材の設定</td><td rowspan="3">ア　文学的な文章を書くために，選んだ題材に応じて情報を収集，整理して，表現したいことを明確にすること。</td><td rowspan="3">ア　目的や意図に応じて，実社会の問題や自分に関わる事柄の中から適切な題材を決め，情報の組合せなどを工夫して，伝えたいことを明確にすること。</td><td rowspan="3"></td></tr>
<tr><td>情報の収集</td></tr>
<tr><td>内容の検討</td></tr>
<tr><td>構成の検討</td><td>イ　読み手の関心が得られるよう，文章の構成や展開を工夫すること。</td><td>イ　読み手の同意が得られるよう，適切な根拠を効果的に用いるとともに，反論などを想定して論理の展開を考えるなど，文章の構成や展開を工夫すること。

ウ　読み手の共感が得られるよう，適切な具体例を効果的に配置するなど，文章の構成や展開を工夫すること。</td><td></td></tr>
<tr><td>考えの形成</td><td rowspan="2">ウ　文体の特徴や修辞の働きなどを考慮して，読み手を引き付ける独創的な文章になるよう工夫すること。</td><td rowspan="2">エ　自分の考えを明確にし，根拠となる情報を基に的確に説明するなど，表現の仕方を工夫すること。

オ　自分の思いや考えを明確にし，事象を的確に描写したり説明したりするなど，表現の仕方を工夫すること。</td><td rowspan="2"></td></tr>
<tr><td>記述</td></tr>
<tr><td>推敲</td><td rowspan="2">エ　文章の構成や展開，表現の仕方などについて，伝えたいことや感じてもらいたいことが伝わるように書かれているかなどを吟味して，文章全体を整えたり，読み手からの助言などを踏まえて，自分の文章の特長や課題を捉え直したりすること。</td><td rowspan="2">カ　読み手に対して自分の思いや考えが効果的に伝わるように書かれているかなどを吟味して，文章全体を整えたり，読み手からの助言などを踏まえて，自分の文章の特長や課題を捉え直したりすること。</td><td rowspan="2"></td></tr>
<tr><td>共有</td></tr>
</table>

				現代の国語	言語文化	論理国語
〔思考力，判断力，表現力等〕	書くこと	(2)(1)に示す事項については，例えば，次のような言語活動を通して指導するものとする。				
		言語活動例	論理的な文章や実用的な文章を書く活動	ア　論理的な文章や実用的な文章を読み，本文や資料を引用しながら，自分の意見や考えを論述する活動。 イ　読み手が必要とする情報に応じて手順書や紹介文などを書いたり，書式を踏まえて案内文や通知文などを書いたりする活動。		ア　特定の資料について，様々な観点から概要などをまとめる活動。 イ　設定した題材について，分析した内容を報告文などにまとめたり，仮説を立てて考察した内容を意見文などにまとめたりする活動。 ウ　社会的な話題について書かれた論説文やその関連資料を参考にして，自分の考えを短い論文にまとめ，批評し合う活動。
			文学的な文章を書く活動		ア　本歌取りや折句などを用いて，感じたことや発見したことを短歌や俳句で表したり，伝統行事や風物詩などの文化に関する題材を選んで，随筆などを書いたりする活動。	
			情報を活用して書く活動	ウ　調べたことを整理して，報告書や説明資料などにまとめる活動。		エ　設定した題材について多様な資料を集め，調べたことを整理して，様々な観点から自分の意見や考えを論述する活動。
授業時数				30～40単位時間程度	5～10単位時間程度	50～60単位時間程度

				文学国語	国語表現	古典探究
〔思考力，判断力，表現力等〕	書くこと	(2)(1)に示す事項については，例えば，次のような言語活動を通して指導するものとする。				
		言語活動例	論理的な文章や実用的な文章を書く活動		ア　社会的な話題や自己の将来などを題材に，自分の思いや考えについて，文章の種類を選んで書く活動。 イ　文章と図表や画像などを関係付けながら，企画書や報告書などを作成する活動。 ウ　説明書や報告書の内容を，目的や読み手に応じて再構成し，広報資料などの別の形式に書き換える活動。 エ　紹介，連絡，依頼などの実務的な手紙や電子メールを書く活動。	
			文学的な文章を書く活動	ア　自由に発想したり評論を参考にしたりして，小説や詩歌などを創作し，批評し合う活動。 イ　登場人物の心情や情景の描写を，文体や表現の技法等に注意して書き換え，その際に工夫したことなどを話し合ったり，文章にまとめたりする活動。 ウ　古典を題材として小説を書くなど，翻案作品を創作する活動。 エ　グループで同じ題材を書き継いで一つの作品をつくるなど，共同で作品制作に取り組む活動。		
			情報を活用して書く活動		オ　設定した題材について多様な資料を集め，調べたことを整理したり話し合ったりして，自分や集団の意見を提案書などにまとめる活動。 カ　異なる世代の人や初対面の人にインタビューをするなどして聞いたことを，報告書などにまとめる活動。	
授業時数				30～40 単位時間程度	90～100 単位時間程度	

			現代の国語	言語文化	論理国語
〔思考力，判断力，表現力等〕	読むこと	(1)読むことに関する次の事項を身に付けることができるよう指導する。			
		構造と内容の把握	ア　文章の種類を踏まえて，内容や構成，論理の展開などについて叙述を基に的確に捉え，要旨や要点を把握すること。	ア　文章の種類を踏まえて，内容や構成，展開などについて叙述を基に的確に捉えること。	ア　文章の種類を踏まえて，内容や構成，論理の展開などを的確に捉え，論点を明確にしながら要旨を把握すること。 イ　文章の種類を踏まえて，資料との関係を把握し，内容や構成を的確に捉えること。
		精査・解釈	イ　目的に応じて，文章や図表などに含まれている情報を相互に関係付けながら，内容や書き手の意図を解釈したり，文章の構成や論理の展開などについて評価したりするとともに，自分の考えを深めること。	イ　作品や文章に表れているものの見方，感じ方，考え方を捉え，内容を解釈すること。 ウ　文章の構成や展開，表現の仕方，表現の特色について評価すること。 エ　作品や文章の成立した背景や他の作品などとの関係を踏まえ，内容の解釈を深めること。	ウ　主張を支える根拠や結論を導く論拠を批判的に検討し，文章や資料の妥当性や信頼性を吟味して内容を解釈すること。 エ　文章の構成や論理の展開，表現の仕方について，書き手の意図との関係において多面的・多角的な視点から評価すること。 オ　関連する文章や資料を基に，書き手の立場や目的を考えながら，内容の解釈を深めること。
		考えの形成		オ　作品の内容や解釈を踏まえ，自分のものの見方，感じ方，考え方を深め，我が国の言語文化について自分の考えをもつこと。	カ　人間，社会，自然などについて，文章の内容や解釈を多様な論点や異なる価値観と結び付けて，新たな観点から自分の考えを深めること。 キ　設定した題材に関連する複数の文章や資料を基に，必要な情報を関係付けて自分の考えを広げたり深めたりすること。
		共有			

			文学国語	国語表現	古典探究
〔思考力，判断力，表現力等〕	読むこと	(1)読むことに関する次の事項を身に付けることができるよう指導する。			
		構造と内容の把握	ア　文章の種類を踏まえて，内容や構成，展開，描写の仕方などを的確に捉えること。		ア　文章の種類を踏まえて，構成や展開などを的確に捉えること。 イ　文章の種類を踏まえて，古典特有の表現に注意して内容を的確に捉えること。
		精査・解釈	イ　語り手の視点や場面の設定の仕方，表現の特色について評価することを通して，内容を解釈すること。 ウ　他の作品と比較するなどして，文体の特徴や効果について考察すること。 エ　文章の構成や展開，表現の仕方を踏まえ，解釈の多様性について考察すること。 オ　作品に表れているものの見方，感じ方，考え方を捉えるとともに，作品が成立した背景や他の作品などとの関係を踏まえ，作品の解釈を深めること。		ウ　必要に応じて書き手の考えや目的，意図を捉えて内容を解釈するとともに，文章の構成や展開，表現の特色について評価すること。 エ　作品の成立した背景や他の作品などとの関係を踏まえながら古典などを読み，その内容の解釈を深め，作品の価値について考察すること。
		考えの形成	カ　作品の内容や解釈を踏まえ，人間，社会，自然などに対するものの見方，感じ方，考え方を深めること。 キ　設定した題材に関連する複数の作品などを基に，自分のものの見方，感じ方，考え方を深めること。		オ　古典の作品や文章について，内容や解釈を自分の知見と結び付け，考えを広げたり深めたりすること。 カ　古典の作品や文章などに表れているものの見方，感じ方，考え方を踏まえ，人間，社会，自然などに対する自分の考えを広げたり深めたりすること。 キ　関心をもった事柄に関連する様々な古典の作品や文章などを基に，自分のものの見方，感じ方，考え方を深めること。 ク　古典の作品や文章を多面的・多角的な視点から評価することを通して，我が国の言語文化について自分の考えを広げたり深めたりすること。
		共有			

				現代の国語	言語文化	論理国語
〔思考力，判断力，表現力等〕	読むこと	(2) (1)に示す事項については，例えば，次のような言語活動を通して指導するものとする。				
		言語活動例	論理的な文章や実用的な文章を読む活動	ア　論理的な文章や実用的な文章を読み，その内容や形式について，引用や要約などをしながら論述したり批評したりする活動。 イ　異なる形式で書かれた複数の文章や，図表等を伴う文章を読み，理解したことや解釈したことをまとめて発表したり，他の形式の文章に書き換えたりする活動。	ア　我が国の伝統や文化について書かれた解説や評論，随筆などを読み，我が国の言語文化について論述したり発表したりする活動。	ア　論理的な文章や実用的な文章を読み，その内容や形式について，批評したり討論したりする活動。 イ　社会的な話題について書かれた論説文やその関連資料を読み，それらの内容を基に，自分の考えを論述したり討論したりする活動。 ウ　学術的な学習の基礎に関する事柄について書かれた短い論文を読み，自分の考えを論述したり発表したりする活動。 エ　同じ事柄について異なる論点をもつ複数の文章を読み比べ，それらを比較して論じたり批評したりする活動。
			文学的な文章を読む活動		イ　作品の内容や形式について，批評したり討論したりする活動。 ウ　異なる時代に成立した随筆や小説，物語などを読み比べ，それらを比較して論じたり批評したりする活動。 エ　和歌や俳句などを読み，書き換えたり外国語に訳したりすることなどを通して互いの解釈の違いについて話し合ったり，テーマを立ててまとめたりする活動。	

				文学国語	国語表現	古典探究
〔思考力，判断力，表現力等〕	読むこと	(2)(1)に示す事項については，例えば，次のような言語活動を通して指導するものとする。				
		言語活動例	論理的な文章や実用的な文章を読む活動			
			文学的な文章を読む活動	ア　作品の内容や形式について，書評を書いたり，自分の解釈や見解を基に議論したりする活動。 イ　作品の内容や形式に対する評価について，評論や解説を参考にしながら，論述したり討論したりする活動。 ウ　小説を，脚本や絵本などの他の形式の作品に書き換える活動。 エ　演劇や映画の作品と基になった作品とを比較して，批評文や紹介文などをまとめる活動。 オ　テーマを立てて詩文を集め，アンソロジーを作成して発表し合い，互いに批評する活動。		ア　古典の作品や文章を読み，その内容や形式などに関して興味をもったことや疑問に感じたことについて，調べて発表したり議論したりする活動。 イ　同じ題材を取り上げた複数の古典の作品や文章を読み比べ，思想や感情などの共通点や相違点について論述したり発表したりする活動。 ウ　古典を読み，その語彙や表現の技法などを参考にして，和歌や俳諧，漢詩を創作したり，体験したことや感じたことを文語で書いたりする活動。 エ　古典の作品について，その内容の解釈を踏まえて朗読する活動。

				現代の国語	言語文化	論理国語
〔思考力，判断力，表現力等〕	読むこと	言語活動例	本などから情報を得て活用する活動		オ　古典から受け継がれてきた詩歌や芸能の題材，内容，表現の技法などについて調べ，その成果を発表したり文章にまとめたりする活動。	オ　関心をもった事柄について様々な資料を調べ，その成果を発表したり報告書や短い論文などにまとめたりする活動。
授業時数				10～20 単位時間程度	60～65 単位時間程度*	80～90 単位時間程度

*古典　40～45単位時間程度
近代以降　20単位時間程度

				文学国語	国語表現	古典探究
〔思考力，判断力，表現力等〕	読むこと	言語活動例	本などから情報を得て活用する活動	カ　作品に関連のある事柄について様々な資料を調べ，その成果を発表したり短い論文などにまとめたりする活動。		オ　古典の作品に関連のある事柄について様々な資料を調べ，その成果を発表したり報告書などにまとめたりする活動。 カ　古典の言葉を現代の言葉と比較し，その変遷について社会的背景と関連付けながら古典などを読み，分かったことや考えたことを短い論文などにまとめる活動。 キ　往来物や漢文の名句・名言などを読み，社会生活に役立つ知識の文例を集め，それらの現代における意義や価値などについて随筆などにまとめる活動。
授業時数				100～110単位時間程度		※

※1領域のため，
授業時数を示していない。

内容の取扱い

現代の国語	言語文化	論理国語
(1)内容の〔思考力，判断力，表現力等〕における授業時数については，次の事項に配慮するものとする。	(1)内容の〔思考力，判断力，表現力等〕における授業時数については，次の事項に配慮するものとする。	(1)内容の〔思考力，判断力，表現力等〕における授業時数については，次の事項に配慮するものとする。
ア 「A 話すこと・聞くこと」に関する指導については，20～30 単位時間程度を配当するものとし，計画的に指導すること。		
イ 「B 書くこと」に関する指導については，30～40 単位時間程度を配当するものとし，計画的に指導すること。	ア 「A 書くこと」に関する指導については，5～10 単位時間程度を配当するものとし，計画的に指導すること。	ア 「A 書くこと」に関する指導については，50～60 単位時間程度を配当するものとし，計画的に指導すること。
ウ 「C 読むこと」に関する指導については，10～20 単位時間程度を配当するものとし，計画的に指導すること。	イ 「B 読むこと」の古典に関する指導については，40～45 単位時間程度を配当するものとし，計画的に指導するとともに，古典における古文と漢文の割合は，一方に偏らないようにすること。その際，古典について解説した近代以降の文章などを活用するなどして，我が国の言語文化への理解を深めるよう指導を工夫すること。 ウ 「B 読むこと」の近代以降の文章に関する指導については，20 単位時間程度を配当するものとし，計画的に指導すること。その際，我が国の伝統と文化に関する近代以降の論理的な文章や古典に関連する近代以降の文学的な文章を活用するなどして，我が国の言語文化への理解を深めるよう指導を工夫すること。	イ 「B 読むこと」に関する指導については，80～90 単位時間程度を配当するものとし，計画的に指導すること。
(2)内容の〔知識及び技能〕に関する指導については，次の事項に配慮するものとする。	(2)内容の〔知識及び技能〕に関する指導については，次の事項に配慮するものとする。	
ア (1)のウの指導については，「言語文化」の内容の〔知識及び技能〕の(1)のイの指導との関連を図り，計画的に指導すること。	ア (1)のイの指導については，「現代の国語」の内容の〔知識及び技能〕の(1)のウの指導との関連を図り，計画的に指導すること。	
	イ (2)のウの指導については，〔思考力，判断力，表現力等〕の「B 読むこと」の指導に即して行うこと。	
(3)内容の〔思考力，判断力，表現力等〕に関する指導については，次の事項に配慮するものとする。		
ア 「A 話すこと・聞くこと」に関する指導については，必要に応じて，口語のきまり，敬語の用法などを扱うこと。		

文学国語	国語表現	古典探究
(1)内容の〔思考力，判断力，表現力等〕における授業時数については，次の事項に配慮するものとする。	(1)内容の〔思考力，判断力，表現力等〕における授業時数については，次の事項に配慮するものとする。	
	ア 「A 話すこと・聞くこと」に関する指導については，40～50 単位時間程度を配当するものとし，計画的に指導すること。	
ア 「A 書くこと」に関する指導については，30～40 単位時間程度を配当するものとし，計画的に指導すること。	イ 「B 書くこと」に関する指導については，90～100 単位時間程度を配当するものとし，計画的に指導すること。	
イ 「B 読むこと」に関する指導については，100～110 単位時間程度を配当するものとし，計画的に指導すること。		
		(1)内容の〔知識及び技能〕に関する指導については，次の事項に配慮するものとする。
		ア (2)のイの指導については，〔思考力，判断力，表現力等〕の「A 読むこと」の指導に即して行い，必要に応じてある程度まとまった学習もできるようにすること。
	(2)内容の〔思考力，判断力，表現力等〕に関する指導については，次の事項に配慮するものとする。	
	ア 「A 話すこと・聞くこと」に関する指導については，必要に応じて，発声や発音の仕方，話す速度などを扱うこと。	

現代の国語	言語文化	論理国語
	(3)内容の〔思考力，判断力，表現力等〕に関する指導については，次の事項に配慮するものとする。	
イ 「B 書くこと」に関する指導については，中学校国語科の書写との関連を図り，効果的に文字を書く機会を設けること。	ア 「A 書くこと」に関する指導については，中学校国語科の書写との関連を図り，効果的に文字を書く機会を設けること。	
		(2)内容の〔思考力，判断力，表現力等〕に関する指導については，次の事項に配慮するものとする。
	イ 「B 読むこと」に関する指導については，文章を読み深めるため，音読，朗読，暗唱などを取り入れること。	
		ア 「B 読むこと」に関する指導については，必要に応じて，近代以降の文章の変遷を扱うこと。
(4)教材については，次の事項に留意するものとする。	(4)教材については，次の事項に留意するものとする。	(3)教材については，次の事項に留意するものとする。
ア 内容の〔思考力，判断力，表現力等〕の「C 読むこと」の教材は，現代の社会生活に必要とされる論理的な文章及び実用的な文章とすること。	ア 内容の〔思考力，判断力，表現力等〕の「B 読むこと」の教材は，古典及び近代以降の文章とし，日本漢文，近代以降の文語文や漢詩文などを含めるとともに，我が国の言語文化への理解を深める学習に資するよう，我が国の伝統と文化や古典に関連する近代以降の文章を取り上げること。また，必要に応じて，伝承や伝統芸能などに関する音声や画像の資料を用いることができること。 イ 古典の教材については，表記を工夫し，注釈，傍注，解説，現代語訳などを適切に用い，特に漢文については訓点を付け，必要に応じて書き下し文を用いるなど理解しやすいようにすること。	ア 内容の〔思考力，判断力，表現力等〕の「B 読むこと」の教材は，近代以降の論理的な文章及び現代の社会生活に必要とされる実用的な文章とすること。また，必要に応じて，翻訳の文章や古典における論理的な文章などを用いることができること。
イ 内容の〔思考力，判断力，表現力等〕の「A 話すこと・聞くこと」，「B 書くこと」及び「C 読むこと」のそれぞれの(2)に掲げる言語活動が十分行われるよう教材を選定すること。	ウ 内容の〔思考力，判断力，表現力等〕の「A 書くこと」及び「B 読むこと」のそれぞれの(2)に掲げる言語活動が十分行われるよう教材を選定すること。	イ 内容の〔思考力，判断力，表現力等〕の「A 書くこと」及び「B 読むこと」のそれぞれの(2)に掲げる言語活動が十分行われるよう教材を選定すること。

文学国語	国語表現	古典探究
	イ 「B書くこと」に関する指導については，必要に応じて，文章の形式などを扱うこと。	
(2)内容の〔思考力，判断力，表現力等〕に関する指導については，次の事項に配慮するものとする。		(2)内容の〔思考力，判断力，表現力等〕の「読むこと」に関する指導については，次の事項に配慮するものとする。
		ア 古文及び漢文の両方を取り上げるものとし，一方に偏らないようにすること。
		イ 古典を読み深めるため，音読，朗読，暗唱などを取り入れること。
ア 「B読むこと」に関する指導については，必要に応じて，文学の変遷を扱うこと。		ウ 必要に応じて，古典の変遷を扱うこと。
(3)教材については，次の事項に留意するものとする。	(3)教材については，次の事項に留意するものとする。	(3)教材については，次の事項に留意するものとする。
ア 内容の〔思考力，判断力，表現力等〕の「B読むこと」の教材は，近代以降の文学的な文章とすること。また，必要に応じて，翻訳の文章，古典における文学的な文章，近代以降の文語文，演劇や映画の作品及び文学などについての評論文などを用いることができること。	ア 内容の〔思考力，判断力，表現力等〕の「A話すこと・聞くこと」の教材は，必要に応じて，音声や画像の資料などを用いることができること。	ア 内容の〔思考力，判断力，表現力等〕の「A読むこと」の教材は，古典としての古文及び漢文とし，日本漢文を含めるとともに，論理的に考える力を伸ばすよう，古典における論理的な文章を取り上げること。また，必要に応じて，近代以降の文語文や漢詩文，古典についての評論文などを用いることができること。 【第3款】3-(2) 「言語文化」の3の(4)のイ及びオに示す事項について留意すること。
イ 内容の〔思考力，判断力，表現力等〕の「A書くこと」及び「B読むこと」のそれぞれの(2)に掲げる言語活動が十分行われるよう教材を選定すること。	イ 内容の〔思考力，判断力，表現力等〕の「A話すこと・聞くこと」及び「B書くこと」のそれぞれの(2)に掲げる言語活動が十分行われるよう教材を選定すること。	イ 内容の〔思考力，判断力，表現力等〕の「A読むこと」の(2)に掲げる言語活動が十分行われるよう教材を選定すること。
		ウ 教材は，言語文化の変遷について理解を深める学習に資するよう，文章の種類，長短や難易などに配慮して適当な部分を取り上げること。

現代の国語	言語文化	論理国語
ウ　教材は，次のような観点に配慮して取り上げること。 (ア)言語文化に対する関心や理解を深め，国語を尊重する態度を育てるのに役立つこと。 (イ)日常の言葉遣いなど言語生活に関心をもち，伝え合う力を高めるのに役立つこと。 (ウ)思考力や想像力を伸ばし，心情を豊かにし，言語感覚を磨くのに役立つこと。 (エ)情報を活用して，公正かつ適切に判断する能力や創造的精神を養うのに役立つこと。 (オ)科学的，論理的に物事を捉え考察し，視野を広げるのに役立つこと。 (カ)生活や人生について考えを深め，人間性を豊かにし，たくましく生きる意志を培うのに役立つこと。 (キ)人間，社会，自然などに広く目を向け，考えを深めるのに役立つこと。 (ク)広い視野から国際理解を深め，日本人としての自覚をもち，国際協調の精神を高めるのに役立つこと。	**エ**　教材は，次のような観点に配慮して取り上げること。 (ア)言語文化に対する関心や理解を深め，国語を尊重する態度を育てるのに役立つこと。 (イ)日常の言葉遣いなど言語生活に関心をもち，伝え合う力を高めるのに役立つこと。 (ウ)思考力や想像力を伸ばし，心情を豊かにし，言語感覚を磨くのに役立つこと。 (エ)情報を活用して，公正かつ適切に判断する能力や創造的精神を養うのに役立つこと。 (オ)生活や人生について考えを深め，人間性を豊かにし，たくましく生きる意志を培うのに役立つこと。 (カ)人間，社会，自然などに広く目を向け，考えを深めるのに役立つこと。 (キ)我が国の伝統と文化に対する関心や理解を深め，それらを尊重する態度を育てるのに役立つこと。 (ク)広い視野から国際理解を深め，日本人としての自覚をもち，国際協調の精神を高めるのに役立つこと。	【第3款】3-(2) 「現代の国語」の3の(4)のウに示す事項について留意すること。 **文学国語** 【第3款】3-(2) 「言語文化」の3の(4)のエに示す事項について留意すること。 **国語表現** 【第3款】3-(2) 「現代の国語」の3の(4)のウに示す事項について留意すること。 **古典探究** 【第3款】3-(2) 「言語文化」の3の(4)のイ及びオに示す事項について留意すること。
	オ　古典の教材は，次のような観点に配慮して取り上げること。 (ア)伝統的な言語文化への理解を深め，古典を進んで学習する意欲や態度を養うのに役立つこと。 (イ)人間，社会，自然などに対する様々な時代の人々のものの見方，感じ方，考え方について理解を深めるのに役立つこと。 (ウ)様々な時代の人々の生き方や自分の生き方について考えたり，我が国の伝統と文化について理解を深めたりするのに役立つこと。 (エ)古典を読むのに必要な知識を身に付けるのに役立つこと。 (オ)現代の国語について考えたり，言語感覚を豊かにしたりするのに役立つこと。 (カ)中国など外国の文化との関係について理解を深めるのに役立つこと。	

第３款　各科目にわたる指導計画の作成と内容の取扱い

1　指導計画の作成に当たっては，次の事項に配慮するものとする。

(1) 単元など内容や時間のまとまりを見通して，その中で育む資質・能力の育成に向けて，生徒の主体的･対話的で深い学びの実現を図るようにすること。その際，言葉による見方･考え方を働かせ，言語活動を通して，言葉の特徴や使い方などを理解し自分の思いや考えを深める学習の充実を図ること。

(2)「論理国語」，「文学国語」，「国語表現」及び「古典探究」の各科目については，原則として，「現代の国語」及び「言語文化」を履修した後に履修させること。

(3) 各科目の内容の〔知識及び技能〕に示す事項については，〔思考力，判断力，表現力等〕に示す事項の指導を通して指導することを基本とすること。

(4)「現代の国語」及び「言語文化」の指導については，中学校国語科との関連を十分に考慮すること。

(5) 言語能力の向上を図る観点から，外国語科など他教科等との関連を積極的に図り，指導の効果を高めるようにすること。

(6) 障害のある生徒などについては，学習活動を行う場合に生じる困難さに応じた指導内容や指導方法の工夫を計画的，組織的に行うこと。

2　内容の取扱いに当たっては，次の事項に配慮するものとする。

(1) 各科目の内容の〔知識及び技能〕に示す事項については，日常の言語活動を振り返ることなどを通して，生徒が，実際に話したり聞いたり書いたり読んだりする場面を意識できるよう指導を工夫すること。

(2) 生徒の読書意欲を喚起し，読書の幅を一層広げ，読書の習慣を養うとともに，文字・活字文化に対する理解が深まるようにすること。

(3) 生徒がコンピュータや情報通信ネットワークを積極的に活用する機会を設けるなどして，指導の効果を高めるよう工夫すること。

(4) 学校図書館などを目的をもって計画的に利用しその機能の活用を図るようにすること。

3　教材については，各科目の３に示す事項のほか，次の事項に留意するものとする。

(1) 教材は，各科目の内容の〔知識及び技能〕及び〔思考力，判断力，表現力等〕に示す資質・能力を偏りなく養うことや読書に親しむ態度を育成することをねらいとし，生徒の発達の段階に即して適切な話題や題材を精選して調和的に取り上げること。また，必要に応じて音声言語や画像による教材を用い，学習の効果を高めるようにすること。

(2)「論理国語」及び「国語表現」は，「現代の国語」の３の (4) のウに示す事項について，「文学国語」は「言語文化」の３の (4) のエに示す事項について，「古典探究」は「言語文化」の３の (4) のイ及びオに示す事項について留意すること。

あとがき

「社会に開かれた教育課程」、「新しい時代に必要とされる資質・能力」、「主体的・対話的で深い学び」、「見方・考え方」、「カリキュラム・マネジメント」など、新しいキーワードを抱えた新学習指導要領の告示がなされました。

高等学校にとって学習指導要領の改訂が真に切実な課題として受け止められるのは、これからかもしれません。しかし、特に国語科にとって今回の改訂は、教科の在り方も含めた根本的な見直しを図るものとなっています。日本語がすぐになくなることは考えにくいですが、現在の国語科という教科の枠組みの存続を保証するものは何もありません。このことをできるだけ多くの国語科教育関係者が認識し、教科としての成果を確実に示していくことが求められるでしょう。

グローバル化、情報化の動きを止めることはできません。教育の分野でも、予備校や大学などで講義のネット配信はすでに日常的なものになっています。しかし、国語科教育の全てがすぐさまAIの得意分野になるとは到底考えられません。

この本は、こうした中、高等学校国語科の新しい授業づくりを提案するために企画されました。国語科を含めたカリキュラム全体を見据え、教育方法や教育評価などの知見も豊かで、我が国の教育政策に御協力いただいてきた髙木展郎先生とともに、大規模な科目再編を図った高等学校国語科の方向性の提示と、優れた実践者の方々による具体的な授業提案とを志向したものです。高大接続改革も次第に本格実施に近付き、今後、高等学校国語科は必ず大きな変革を迫られるでしょう。この本が授業改革に悩める先生方による創意工夫のヒントとなることを願ってやみません。

最後に、時間的な余裕もない中、できるだけ早く学校の先生方にこの本を届けたいとの強い思いで、執筆に御協力いただいた共編著者の皆様、また、本をよりよくするための様々な要望に応えていただくとともに、建設的な御提案をいただきながらお導きいただいた、五十嵐伸様をはじめとした三省堂の皆様に心から感謝申し上げます。

2018年7月

大滝一登

編著者

大滝一登（おおたき・かずのり）　　文部科学省初等中等教育局視学官

1964年千葉県生まれ。岡山県公立高等学校教諭、岡山県教育庁指導課指導主事、岡山県総合教育センター指導主事、ノートルダム清心女子大学文学部准教授を経て、2014年から文部科学省初等中等教育局教育課程課教科調査官、国立教育政策研究所教育課程調査官・学力調査官。2017年から現職。

＜第1章執筆＞

髙木展郎（たかぎ・のぶお）　　横浜国立大学名誉教授

1950年横浜市生まれ。中教審初等中等教育分科会教育課程部会委員。同高等学校部会主査代理。国語ワーキンググループ主査代理。中・高等学校の教員を経て、福井大学・静岡大学・横浜国立大学に勤務。専門は、国語科教育学・教育方法学。著書に『変わる学力、変える授業。』（2015年　三省堂）、共著に『「チーム学校」を創る』（2015年　三省堂）などがある。

＜第2章「コメント」・第3章執筆＞

第2章執筆者（執筆順）

齋藤祐（さいとう・ゆう）
中央大学杉並高等学校教諭

東京学芸大学卒業後、2005年より現職。2018年4月より中央大学附属中学校・高等学校に期限付きで異動中。2018年度、NHKラジオ高校講座「国語総合」，Eテレ「国語表現」監修講師のほか、都留文科大学にて非常勤講師を務める。

沖奈保子（おき・なほこ）
東京都立国際高等学校教諭

明治大学大学院文学研究科（日本文学）修了。古典文学を協同学習を通じて探究的に学ぶ単元開発を行う。共著に『すぐ実践できる！アクティブ・ラーニング高校国語』（2017年　学陽書房）など。現在、武蔵大学にて非常勤講師も兼務。

大元理絵（おおもと・りえ）
東京都立広尾高等学校主幹教諭

東京学芸大学大学院修了。古典文学専攻。山口県立聾学校、徳山養護学校、長府高等学校、東京都立野津田高等学校、荻窪高等学校を経て、現職。

潮田央（うしおだ・ひさし）
神奈川県立藤沢総合高等学校教諭

國學院大學文学部卒、國學院大學大学院博士課程前期文学研究科修了。現在、勤務校にて国語、中国語、国際教育を担当。

内田浩文（うちだ・ひろふみ）
岡山県立勝山高等学校蒜山校地指導教諭

東京学芸大学A類国語科卒業。岡山県立津山工業高等学校、勝山高等学校、津山商業高等学校、林野高等学校勤務を経て、現職。

早川香世（はやかわ・かよ）
東京都立深川高等学校教諭

学習者の主体的な学びと文学研究の成果を接続させる方法について関心をもち、授業実践を続けている。主な論文に「教材としての『待ち伏せ』」（『村上春樹と一九九〇年代』宇佐美毅、千田洋幸編著　2012年　おうふう）など。

小川一美（おがわ・かずみ）
東京都立小石川中等教育学校主任教諭

都立の工業高校、定時制高校勤務を経て、現職。実践として、「日本の感性をたどる―古典と近代以降の関連した文章をつなげて読む―」（『変わる！高校国語の新しい理論と実践』大滝一登・幸田国広編著　2016年　大修館書店）など。

田中栄一郎（たなか・えいいちろう）
神奈川県立希望ケ丘高等学校教諭

二松學舍大学大学院文学研究科博士後期課程所定単位修得。常磐大学・二松學舍大学（非常勤）、横浜雙葉中学校高等学校（専任）、星槎学園北斗校（常勤）などを経て、現職。

新学習指導要領対応
高校の国語授業はこう変わる

2018年 9月10日 第1刷発行
2019年10月20日 第2刷発行

編著者 大滝一登・髙木展郎
発行者 株式会社 三省堂 代表者 北口克彦
印刷者 三省堂印刷株式会社
発行所 株式会社 三省堂
〒101-8371 東京都千代田区神田三崎町二丁目22番14号
電話 編集(03)3230-9411 営業(03)3230-9412
https://www.sanseido.co.jp/

 Printed in Japan

〈国語授業はこう変わる・160pp.〉
落丁本・乱丁本はお取り替えいたします。
ISBN978-4-385-36460-5